张希栋 / 著

中国天然气价格规制改革与政策模拟

CHINA'S NATURAL GAS PRICE REGULATION REFORM AND POLICY SIMULATION

上海社会科学院出版社
SHANGHAI ACADEMY OF SOCIAL SCIENCES PRESS

前　言

改革开放以来,中国经济在高速增长的同时伴随着大量的资源消耗以及环境质量的持续恶化。随着我国社会经济发展阶段的演进,城乡居民越来越注重生活环境质量的提升。而我国空气污染问题突出,尤其是雾霾污染问题,受到全社会的普遍关注。煤炭的大规模使用,是造成我国雾霾问题的重要原因之一。因此,国家积极推动调整以煤为主的能源消费结构,增加清洁能源消费占比。天然气由于具有"清洁性、安全性、经济性"特征,是我国优化能源消费结构、改善空气质量(缓解雾霾问题)的重要抓手。

在全球能源利用格局中,天然气的地位上升速度较快。2018 年,全球天然气占能源消费总量的比重约为 24%。从全球天然气产业发展趋势来看,美国、加拿大、英国等发达国家实现了天然气产业的市场化改革,形成了不同气源相互竞争的市场定价机制,极大地刺激了天然气产业的发展。从国内能源发展战略来看,国家发改委发布《能源生产和消费革命战略(2016—2030)》,提出到 2030 年,天然气占能源消费总量的比例达到 15% 左右。当前,我国正在着力推进天然气价格规制改革,从而为天然气产业发展提供良好的外部环境。

然而,我国天然气价格规制改革对天然气产业会产生何种影响,是否能够促进实际 GDP 的增长,改善居民福利,优化能源消费结构,提升产业绩效,推动天然气产业的发展,降低大气污染物的排放? 这些问题既是学术界需要研究的理论问题,也是国家推进天然气价格规制改革需要考虑的现实问题。基于此,本书以上海市哲学社会科学规划青年项目(2017EJB004)、上海社会科学院院内招标课题等为支撑,通过构建能够反映中国天然气产业非完全竞争特征的可计算一般均衡模型,同时刻画了政府对天然气的价格规制行为,以模块化的形式,系统地勾勒环境经济体系及其子系统之间的相互作用关系,模拟了中国天然气价格规制改革对宏观经济、部门经济以及大气污染物排放的影响,得出相关研究结论,在此基础上,针对中国天然气价格规制改革提出政策建议。

本书共八章,按照"理论研究—改革进展—模型构建—政策模拟"的研究思路进行撰写。

第一章与第二章是理论研究部分。第一章为导论。首先,介绍了研究背景。当前,天然气在全球能源消费结构中的地位正不断上升。我国迫切需要转变以煤为主的能源消费结构,而可再生能源由于技术和经济性限制,大规模发展并不现实。发展天然气产业,提高天然气的消费比重成为我国优化能源消费结构的重要抓手。其次,提出了本研究拟解决的关键问题。最后,介绍了本书的选题意义以及本成果的贡献。第二章为文献综述,从4个角度对国内外文献进行回顾:首先,由于天然气产业具有典型的自然垄断特征,梳理了自然垄断产业相关的价格规制理论;其次,梳理了国内外学者对天然气产业价格规制改革的相关研究;再次,对可计算一般均衡模型在资源环境经济学里的应用进行了梳理;最后,梳理了天然气价格变动传导机制的相关文献,明确了天然气价格规制变动对环境经济体系的影响。

第三章为改革进展部分。首先,研究了中国天然气产业发展现状及面临的问题。中国天然气产业发展迅速,天然气产量已位居世界第6位。然而中国天然气产业发展还面临诸多问题,包括:国产天然气产量不足,严重依赖国际天然气市场;寡头垄断特征显著,市场竞争程度不足;第三方公平准入迟迟得不到落实,难以实现不同气源之间相互竞争的市场格局;定价机制不完善;局部性"气荒"现象时有发生。其次,研究了中国天然气产业价格规制改革的进展以及存在的问题。中国已经将天然气定价方式由成本加成法向市场净回值定价法转变,最终目标是建立市场化的定价机制。当前,中国天然气定价机制还存在问题,包括:替代能源价格并不能准确反映天然气的供需情况;天然气价格调整具有时滞性,缺乏灵活的价格调整机制;定价方式不利于基础设施建设。最后,研究了中国天然气产业监管体制存在的问题。国家对天然气产业的监管并不完善,主要问题表现在:法律法规不完善,天然气勘探开发准入困难;第三方准入政策尚未推开,难以实现不同气源之间相互竞争的市场格局;区块重叠,非常规天然气区块资源不足;监管权力分散,监管力量不足;等等。

第四章为模型构建部分。首先,介绍了可计算一般均衡模型的优势。相比于局部均衡模型,可计算一般均衡模型能够对经济系统进行完整的刻画,更具系统性、整体性;相比于投入产出模型,可计算一般均衡模型,将价格引入模型体系,并能采用非线性函数描述经济行为,还能刻画不同经济主体的收入支出行为,更符合实际;相比于计量经济模型,可计算一般均衡模型更具经济理论基础,对历史数据的依赖性也较弱。其次,构建了关于中国经济基本的可计算一般均衡模型。根据研究需要,对部门进行合并与拆分,重点将石油和天然气开采产品拆分为石油开采产品和天然气开采产品;建立了基本的可计算一般均衡模型,包括生产模块、贸易模块、机构模块、均衡模块以及环境模块;刻画了天然气产业非完全竞争的市场结构。最后,对模型所需要的数据来源、SAM 表编制与平衡、参数标定、模型检验以及程序实现等进行了介绍。

第五、六、七、八章为政策模拟部分。第五章针对国际天然气价格上涨在是否存在天然气价格规制的情景下展开了模拟研究,结果表明:在不存在天然气价格规制的情景下,国际天然气价格上涨对宏观经济产生紧缩作用,抑制了实际 GDP 的增长,降低了居民福利,对部门经济也产生紧缩作用,天然气价格相对煤炭、石油等高碳化石能源的价格上升,经济主体更倾向于选择煤炭、石油等能源,导致氮氧化物、二氧化硫以及粉尘颗粒排放的增加;在存在天然气价格规制的情景下,国际天然气价格上涨对宏观经济以及部门经济的影响较小,但是能够显著增加天然气部门的超额利润率,造成较大的负面收入分配效应。因此,对天然气最终消费价格进行规制尽管能够减弱国际天然气价格上涨对宏观经济以及部门经济的负面影响,但是却加剧了行业的收入分配不公,导致天然气部门的超额利润增长幅度较大。为了避免国际天然气价格上涨的负面影响,应进一步扩大天然气进口来源,实现天然气进口来源的多元化、合同的多元化以及定价机制的多元化,规避进口来源单一的价格风险。第六章研究了天然气资源税改革的环境经济影响。资源税能够调节自然资源级差收入并体现资源所有者权益,能够促进天然气资源利用效率、调节代际利益。当前,中国天然气资源税征收方式已经由从量计征转变为从价计征。天然气资源税改革对环境经济体系的影响如何? 基于此,本章分别在天然气部门为完全竞争以及寡头垄断的市场结构下,模拟了天然气资源税改革的环境经济影响。模拟结果表明:在完全竞争的假定下,天然气资源税改革降低了二氧化碳的排放,增加了天然气的使用成本,降低了单位 GDP 天然气的消耗,节约了天然气资源的使用,提高了天然气资源的利用效率,体现了天然气资源的代际公平,具有可持续发展的意义;在非完全竞争的假定下,天然气资源税改革对大气污染物排放以及相关经济变量的作用效果微弱,并不能提高天然气的利用效率,也不能体现天然气资源的代际公平,但是能降低天然气开采业的超额利润率,具有调节行业收入分配的作用。因此,要充分发挥天然气资源税改革的作用,提高天然气资源的利用效率,不仅要对天然气产业进行结构性改革,即天然气产业结构改革应先于天然气价格改革;还要推进能源价格体系改革,综合考虑不同能源品种的清洁性,促进形成清洁低碳、安全高效的现代化能源供应格局。第七章研究了天然气交叉补贴改革的环境经济影响。长期以来,我国天然气资源赋存不足,国家出台了《天然气利用政策》,确定了天然气资源的优先利用领域,特别指出要保民生,因而民用气价长期低于工业气价。由于存在内部的交叉补贴,受到补贴的民用气价低于真实价格,导致居民对天然气的过度消费,对政府财政造成压力,也对工业用户有失公平。为了解决这一问题,国家正在着力推进天然气交叉补贴改革,消除天然气交叉补贴,体现天然气的真实价格。基于此,本章采用非完全竞争可计算一般均衡模型模拟了天然气交叉补贴改革的环境经济影响。模拟结果表明:取消天然气交叉补贴促进了实际GDP的增长,但也提高了居民消费价格水平,降低了居民消费以及居民福利;取消天然气交叉补贴提高了民用气价格,降低了居民用气量,也对部分产业产出产生负面影响,同时降低了天然气部门的超额利润率,有利于行业之间的收入分配公平;取消天然气交叉补贴,天然气消费量下降,在收入效应与替代效应的综合作用下,煤炭、石油的消费略有增长,最终导致二氧化碳以及氮氧化物排放降低,二氧化硫以及粉尘颗粒排放略有增长。为此,要对居民尤其是低收入居民设计合理的补偿机制;形成合理的能源比价关系,反映煤炭、石油的环境成本,增加天然气对煤炭、石油的有效替代,降低大气污染物的排放。第八章研究了天然气市场化改革的环境经济影响。当前,中国天然气产业的垄断程度较强,还没有形成竞争性的市场。中国在着力推进天然气价格改革,改革的最终目标是"放开两头、管住中间",国家只对具有自然垄断性质的管道运输环节进行管制。推进天然气价格市场化改革,也要打破天然气产业的垄断、引入市场竞争机制,否则垄断企业将会获得超额利润。那么,天然气市场化改革将会对环境经济体系产生何种影响。基于此,本章就天然气开采业打破垄断、引入市场竞争机制进行政策模拟。模拟结果表明:无论在短期内还是长期内对天然气开采业打破垄断、引入市场竞争机制均能促进实际GDP的增长,降低物价水平,改善居民福利,增进要素配置,降低产业生产成本,促进天然气产量的增长以及消费的增加,有利于优化我国能源消费结构。因此,应该对天然气产业进行结构性改革,破除行政垄断,引入多元竞争主体,制定完善的配套政策,防止天然气产业的纵向一体化;制定相关的法律法规,使改革政策有法可依。

笔者在写作过程中得到了院领导、学术界、政府机构、企业界以及相关同志的鼎力支持。上海社会科学院为本研究的顺利开展提供了强大的基础保障,院领导及科研处等为本研究提供了重要支持,上海社会科学院生态与可持续发展研究所所长周冯琦为本研究提供了诸多宝贵的意见。中国社会科学院数量经济与技术经济研究所张晓研究员为本研究提供了富有价值的建议以及重要的研究资料,中国社会科学院数量经济与技术经济研究所张友国研究员、娄峰研究员、樊明太研究员以及澳大利亚生产率研究中心张晓光老师为本研究的模型构建提供了宝贵意见。国务院发展研究中心技术经济研究部张鑫副研究员以及国家发改委能源研究所裴庆冰助理研究员为本书天然气价格规制改革进展方面的研究提供了帮助。中国人民大学经济学院曾琳泉博士生在本书理论研究方面整理了丰富的文献资料。上海社会科学院生态与可持续发展研究所尚勇敏、陈宁、程进、张文博、吴蒙、杜红玉、曹莉萍、李海棠、嵇欣、周伟铎、刘新宇、刘召峰、李亚莉等为本研究提供了有益的建议。在此,对以上诸位提供的帮助与支持表示衷心感谢!

作为一项探索性研究,本研究具有局限性,还存在许多不足,希望学界同仁批评指正!

张希栋

2019 年 12 月于上海社会科学院

目　录

第一章　导论 1

　第一节　研究背景 1

　　一、全球天然气产业发展趋势 1

　　二、中国天然气产业发展趋势 6

　第二节　拟解决的关键问题及选题意义 29

　　一、拟解决的关键问题 29

　　二、选题意义 30

　第三节　研究内容及思路 31

　第四节　本书的贡献 33

第二章　文献综述 35

　第一节　自然垄断产业价格规制理论 35

　　一、规制理论 35

　　二、价格规制 46

　第二节　天然气价格规制的研究进展 54

　　一、对国外天然气产业规制改革的研究 54

　　二、国内天然气产业放松规制的研究 58

　　三、国内外研究评价 63

　第三节　CGE 模型文献回顾 64

一、CGE 模型在能源-经济-环境领域中的应用 64

二、CGE 模型在能源价格研究中的应用 69

第四节 天然气价格变动的传导机制 72

第三章 中国天然气价格规制改革进展 75

第一节 中国天然气产业发展现状及面临的问题 75

一、中国天然气产业上游发展现状及面临的问题 75

二、中国天然气产业中游发展现状及面临的问题 77

三、中国天然气产业下游发展现状及面临的问题 81

第二节 中国天然气产业价格规制改革 85

一、中国天然气产业上游价格规制改革 85

二、中国天然气产业中游价格规制改革 90

三、中国天然气产业下游价格规制改革 94

第三节 中国天然气产业监管体制分析 97

一、中国天然气产业上游业务监管体制 98

二、中国天然气产业中游业务监管体制 103

三、中国天然气产业下游业务监管体制 108

第四节 小结 112

第四章 中国可计算一般均衡模型 114

第一节 理论基础 114

一、什么是一般均衡 114

二、一般均衡的存在性 117

三、一般均衡模型的优缺点 118

第二节 模型构建 120

一、部门划分 120

二、方程体系　121

第三节　数据来源　134

一、SAM 表基本结构　135

二、SAM 表编制　137

三、SAM 表平衡　138

第四节　参数标定　139

一、替代弹性　139

二、其余参数　140

第五节　模型检验　140

第六节　程序实现　141

第五章　国际天然气价格冲击的模拟研究　143

第一节　研究背景　143

一、天然气对外依存度持续提升　143

二、政府对天然气价格进行规制　144

第二节　国际能源价格冲击的作用机制　144

第三节　政策模拟　148

一、对宏观经济的影响　151

二、对部门经济的影响　152

三、对大气污染物排放的影响　154

第四节　研究结论与政策讨论　155

第六章　天然气资源税改革的政策模拟研究　157

第一节　资源税改革背景　157

第二节　资源税改革的作用机制　158

第三节　政策模拟　162

一、对宏观经济的影响　　162

二、对部门经济的影响　　164

三、对大气污染物排放的影响　　168

第四节　研究结论与政策讨论　　169

第七章　天然气交叉补贴改革的政策模拟研究　　171

第一节　天然气交叉补贴改革背景　　171

第二节　能源补贴改革的作用机制　　173

第三节　政策模拟　　177

一、对宏观经济的影响　　177

二、对部门经济的影响　　179

三、对大气污染物排放的影响　　181

第四节　研究结论与政策讨论　　182

第八章　天然气市场化改革的政策模拟研究　　185

第一节　天然气市场化改革背景　　185

第二节　天然气市场化改革的作用机制　　186

第三节　政策模拟　　190

一、对宏观经济的影响　　194

二、对部门经济的影响　　195

三、对大气污染物排放的影响　　197

第四节　研究结论与政策讨论　　198

参考文献　　200

第一章
导　论

第一节　研究背景

　　当今,全球气候变化以及环境质量恶化已引起世界大多数国家的普遍重视,越来越多的国家开始调整能源消费结构,提高能源利用的清洁化。天然气作为一种相对清洁的化石能源,如何发展利用天然气引起世界各国的高度关注。

一、全球天然气产业发展趋势

(一) 天然气在全球能源中的地位上升

　　在全球能源利用格局中,天然气的地位上升速度较快。根据《BP 世界能源统计年鉴(2019)》的统计数据显示:1965—2018 年,三大化石能源中,石油、煤炭在总能源中的消费比重呈现波动下降的趋势,而天然气在能源中的消费比重则持续增长;2018 年,尽管石油、煤炭的消费比重仍高于天然气的消费比重,但是差距已明显缩小,天然气与煤炭的差距已缩小至 3 个百分点。

　　从供应角度来看,天然气每年新增探明储量较高,天然气储产比稳中有升,全球天然气供应较为充足。根据《BP 世界能源统计年鉴(2019)》,2018

年,世界总计天然气的储产比为50.9,全球天然气探明储量为196.9万亿立方米,略微增加了0.8万亿立方米(约为0.4%)。按照2018年全球天然气产量水平,可以满足全球天然气产量50.9年。分区域来看:北美洲、中南美洲、欧洲、独联体国家、中东国家、非洲国家、亚太地区的储产比分别为13.2、46.3、15.5、75.6、109.9、61.0、28.7。中东国家拥有世界上最大的天然气探明储量,约75.5万亿立方米,占全球储量的38.4%;其次为独联体,约62.8万亿立方米,占全球储量的31.9%。

从消费角度来看,全球天然气消费逐年增加。2018年,全球天然气消费量达到3.8万亿立方米,同比增长5.3%,在全球能源消费中的比重约为24%。预计到2022年,全球天然气消费总量将超过4万亿立方米。其中,由于欧美日发达国家经济增速缓慢,有采用较低价格能源替代天然气的需求(如日本,在发生福岛核事故后,大量进口天然气,而近期重新发展核电,降低天然气需求,从而降低能源使用成本),其天然气消费总量增长有限。与此同时,从全球范围来看,天然气的消费结构正在发生变化,工业用天然气消费正在逐步增长,而发电用天然气正在逐步下降。由于大量新兴市场国家化工及化肥产业相对发达,对天然气的消费需求巨大。因此,未来天然气的消费需求增量集中于新兴市场国家。

(二)全球天然气市场一体化程度加深

天然气由于在常温下以气态方式存在,其生产地与消费地往往相距较远,因而在陆上天然气的运输主要通过管道方式进行,没有陆地连接的地区则需要通过液化天然气的方式进行运输。天然气的运输,尤其是陆上管道天然气运输,需要大规模的沉没成本,因而管道运输业属于强自然垄断产业。这一特点决定了国际贸易中,天然气的定价方式往往是双边议价的模式,具体的定价模式由于不同国家考虑的因素不同差异较大。因而,国际天然气市场具有明显的区域性特征。

近年来,国际社会面临气候变化等环境问题,优化能源消费结构成为世界各国应对环境问题的一项重要选择。天然气由于热值高、污染排放少等特点,受到全球各国的重视。基于此,建立能够反映供求关系、保证适度竞争的一体化的国际天然气市场面临前所未有的机遇。当前,国际天然气市场一体化程度加深表现在以下几个方面:

1. 世界天然气贸易需求旺盛

当前天然气消费需求旺盛的地区与天然气资源分布不匹配,天然气国际贸易需求旺盛。从亚太地区来看,日本、韩国由于自身资源禀赋不足,天然气消费基本依赖进口;中国天然气资源相对较好,但是由于天然气开采条件以及开采成本等因素,国内天然气产量远不能满足天然气消费,近年来中国天然气对外依存度不断趋高。从北美地区来看,以美国为首的北美地区由于对天然气产业的成功改革以及页岩气革命等因素,天然气产业发展迅猛,并从天然气净进口国向天然气净出口国转变。从欧洲地区来看,欧盟国家城市化水平较高,对天然气的消费需求也较高,但是欧盟本身的天然气产量并不能满足其天然气消费需求。从中东地区以及非洲地区来看,其天然气资源丰富,但是天然气消费需求不足,因而需要与其他地区开展天然气贸易,从而发展本国经济。目前,不同地区天然气市场价格差异较大,北美地区天然气市场价格较低,亚太地区天然气市场价格较高。随着天然气开采技术的不断提升,越来越多的国家参与到全球天然气贸易中,天然气贸易的供需双方趋于多元,国际天然气市场一体化程度加深,将会促进不同地区的天然气价格趋于合理。

2. 液化天然气贸易增加

天然气的运输方式主要包括管道以及船运 LNG。陆上相互连接的国家或地区一般通过管道输送的方式进行运输。而从全球范围来看,存在很多天然气的贸易伙伴国其陆地并不连接的情况,这些国家通常采取船运 LNG 的方式进行运输。由于船运 LNG 灵活的运输方式,为地理距离较远的国家开展天然气贸易提供了便利条件。随着船运 LNG 技术的提高,船运

LNG 的成本逐渐降低,加之其更加灵活的运输方式,与陆上管道运输的竞争越来越具优势,而通过 LNG 的方式开展天然气贸易的国家越来越多,液化天然气贸易的比重逐渐提高。根据《BP 世界能源统计年鉴(2019)》的统计数据显示,2018 年,全球液化天然气贸易达 4.3 万亿立方米,管道气贸易为 8.1 万亿立方米,全球液化天然气贸易占到总贸易的 34.7%。当前,卡塔尔、澳大利亚、印度尼西亚、美国、俄罗斯等国均是重要的液化天然气贸易国。其中,卡塔尔的液化天然气出口量最大,占全球液化天然气贸易量的 1/4 左右;日本的液化天然气进口量最大,也占全球液化天然气贸易量的 1/4 左右。随着液化天然气贸易量的扩大,全球天然气定价方式正在发生变化。由于原本依赖管道气进行贸易的国家,为了确保价格的相对公平,往往采取将天然气价格与原油价格挂钩的定价方式,而随着液化天然气贸易的持续扩大,与油价挂钩的定价方式已经不能适应当前的天然气贸易需求。液化天然气贸易增加不仅推动了天然气资源匮乏国家对天然气的利用,也正在改变以往欧洲、北美、亚太三大全球区域市场的格局,缩减三大区域市场的价格差异,最终推动了全球天然气贸易的一体化程度。

3. 地缘政治博弈意识

能源由于其特殊属性,与政治有着较强关联。地缘政治博弈对于国际天然气贸易一体化是一把双刃剑,既有可能破坏国际天然气贸易一体化,也有可能促进天然气贸易一体化。但是正是由于地缘政治博弈意识,世界各国在开展天然气贸易时,意识到仅依赖于一个国家,将会使得能源供应安全面临挑战。以欧盟为例,欧盟的天然气供给主要来自俄罗斯、挪威、阿尔及利亚等国,而东欧国家尤其依赖俄罗斯。近年来,爆发的乌克兰危机、利比亚危机,都给东欧国家造成了天然气的短期供应中断。因此,采取天然气多元化进口战略已经成为欧盟成员国的共识。欧盟天然气进口的战略,也给其他国家以启示。无论是天然气进口国还是天然气出口国,都应采取多元化的策略,从而分散天然气贸易风险,也使得贸易的参与主体更加多元,促进国际天然气贸易的一体化程度。

4. 天然气市场定价方式

北美地区天然气产业改革较早,市场化程度较高,已经摆脱了与原油价格挂钩的定价方式,形成了不同气源之间相互竞争的定价模式。欧盟国家天然气产业改革起步较晚,且不同国家之间的差异较大,尽管欧盟已经先后三次对天然气产业改革颁布了指令,但是要全面推进天然气产业改革仍然存在难度。尽管如此,欧盟天然气定价机制受到国际原油价格的影响,但目前正在转向基于枢纽以及现货市场的定价方式,脱油化趋势明显。根据国际天然气联盟2014年的相关报告指出,当前全球天然气批发量的43%是基于天然气定价,仅有19%仍与油价挂钩,其余38%则是采取其他定价方式。目前,随着天然气在全球能源利用格局中的地位不断上升,原油供需市场情况与天然气供需市场情况的巨大差异,以不同气源相互竞争为基准的定价方式更能取得天然气供需双方的一致认可,也为国际天然气市场一体化发展奠定基础。

(三) 中国天然气市场份额将逐步增加

2018年,中国天然气消费量为2 830亿立方米(未包括香港、台湾地区),占亚太地区的34.3%,占全球的7.4%。国家发展和改革委员会、国家能源局《能源生产和消费革命战略(2016—2030)》指出,到2030年,天然气占能源消费总量的比重达到15%左右。到2030年,中国天然气消费将增长到5 000亿立方米左右,占亚太地区的50%左右,占全球的10%左右,天然气消费增量将成为全球天然气消费增量最快的国家之一。

中国天然气消费的持续增长对全球天然气市场的影响较小。首先,中国正在实行多元化进口战略,同时与卡塔尔、澳大利亚、乌兹别克斯坦、美国、俄罗斯等国家开展天然气贸易合作,而与俄罗斯、美国的天然气贸易额较小,未来还有巨大的贸易空间。其次,中国正在多方面发展天然气以及非常规天然气产业,在加大国内常规天然气生产的同时,也对煤层气、致密气、煤制气等非常规天然气加大了开发力度,保证中国形成多种气源相互补充的供应格局。最后,从全球范围来看,全球天然气资源储量充足,可以通过调控生产能力以应对世界各国的供需变化,中国的天然气消费需求较为旺盛,只要与相关国家提前协商,则能在不影响世界其他国家的情况下实现互惠互利。

中国天然气消费需求的持续增长为世界经济增长注入动力。中国不仅是天然气的消费大国,而且可以通过与全球国外油气企业的深入合作,参与到天然气贸易的全产业链中。从天然气产业上游——天然气开采业、天然气产业中游——管道运输业、天然气产业下游——燃气分销业,中国企业可与国外企业开展资金、技术、管理等方面的合作,让中国企业服务于世界各国的天然气产业发展,也让国外企业有机会参与中国天然气产业发展。中国提出的"一带一路"倡议就为国内外油气企业开展合作提供了平台。此外,为促进全球天然气市场的良性发展,中国可积极推进天然气期货市场建设,努力打造天然气交易中心,为消除亚洲天然气溢价做出贡献。

二、中国天然气产业发展趋势

随着中国经济进入新常态,社会经济呈现几个重要特征,这对天然气产业的发展将会产生影响。一是经济增速放缓,经济下行压力加大。"十三五"期间,中国GDP增速维持在6%—7%。经济增速放缓将会降低能源消费总量,进而影响天然气产业的发展。二是经济结构发生调整,经济增长迈向高质量阶段。中国已经进入工业化后期,第二产业的比重将会继续降低,第三产业的比重则趋于上升,同时近年来中国对环境保护工作的重视,挤压了环境污染型企业的生存空间。这对于天然气产业的发展存在不确定性,以天然气为原料的化学工业以及化肥行业会受到负面影响,而以天然气作为燃料的企业将会被鼓励使用相对清洁的天然气。三是城市化进程不断推进。随着中国人口逐渐向城市集聚,居民对于城市燃气的需求增加,有利于天然气产业以及非常规天然气产业的发展。

（一）中国天然气供需形势分析

1. 中国天然气消费需求形势分析

当前，中国经济进入新常态，经济增长速度有所放缓，但是天然气的消费需求仍将会快速增长。近年来，中国天然气消费呈现"淡季不淡、旺季更旺"的特点。2018 年中国天然气消费量较之 2016 年同比增长 18%，增速提高了 3% 左右，天然气在一次能源消费结构中的占比上升。分地区来看，中国天然气消费量主要集中于资源较为丰富、城市化水平较高的地区，如西南地区、京津冀、长三角地区。

中国天然气消费还将继续提升，是因为：第一，天然气在我国能源消费结构中的占比较低。2018 年，天然气在我国一次能源消费结构中的占比约为 9%。而从全球范围内来看，天然气占能源消费结构的比例为 1/4 左右，在一次能源中的比例为 30% 左右，部分国家的天然气占能源的消费比重在 30 年内翻了一倍甚至更多。国外的发展经验证明，产业变革以及开采技术的提升，将有助于大幅度提升本国天然气资源的产量，从而促进天然气在一次能源消费结构中的提升。第二，中国生态文明发展战略为发展天然气提供了机遇。当前，国家十分注重生态文明发展，力求在经济发展的同时降低对生态环境的损害，寻求社会经济发展与自然生态环境协调发展的路径。这就要求中国在发展经济时，转变经济结构，降低对煤炭、石油等高碳化石能源的使用，转而消费天然气、水电、风电等相对清洁的能源。第三，中国城市化进程不断推进。中国正在着力推进城镇化建设，未来越来越多的居民将会居住在城市，乡村人口将大量向城镇集聚。一方面，城镇居民对清洁空气质量的需求与日俱增；另一方面，城市燃气作为城镇居民的基础生活资料，需求将会随着城镇人口增加而不断增长。

本书对中国天然气消费需求进行了预测，关于其预测方法颇为多样，有统计模型、经济模型、灰色预测模型以及组合或混合模型等。笔者选用能源弹性系数法仅对中国天然气消费量的总体趋势进行预测。首先预测未来我国能源消费总量,然后根据天然气在能源总量中所占比例计算天然气的消费总量。能源弹性系数法预测模型可由式(1.1)表示:

$$A_t = A_{t-1}(1+k\%), \quad k = a \cdot g \tag{1.1}$$

其中,A_{t-1} 为基准年能源消费量,A_t 为下一年预测的能源消费量,k 为能源消费年均增长率,a 为能源弹性系数,g 为 GDP 年均增长率。根据能源弹性系数的关系式,可得 $a = k/g$,因而可求得 1980—2018 年我国能源弹性系数。根据以往历史能源弹性系数,对近 10 年数据采用移动平均法对2019—2030 年我国能源弹性系数进行预测。GDP 年均增长率参考相关文献,分别在低、中、高三种情景下预测 2019—2020 年、2021—2025 年、2026—2030 年我国 GDP 年均增长率分别为 6.0%、5.0%、4%,7%、6%、5%,8%、7%、6%,从而计算得到我国能源消费年均增长率。根据能源弹性系数法公式求得 2019—2030 年我国能源消费量,如表 1-1 所示。

表 1-1　不同方案下能源消费预测　　　　　　　　单位:亿吨标准煤

年份	2019	2020	2025	2030
低	472 916	485 331	532 407	575 469
中	476 963	491 570	549 216	605 181
高	481 026	497 862	566 488	636 302

根据上述对能源消费总量的预测,以之为基础,对中国天然气消费总量进行预测。《能源生产和消费革命战略(2016—2030)》指出,到 2030 年,天然气占能源消费总量的比重达到 15% 左右。笔者对天然气占能源消费总量的比例设置了低、中、高三种方案,天然气占总能源的消费比重在 2020年、2025 年、2030 年的不同情景下分别达到 8%、9%、10%,9%、10.75%、12.5%,10%、12.5%、15%,同时假定 2019—2020 年天然气占能源消费比重按比例提升。在三种方案下预测中国的天然气消费需求如表 1-1 所示:

低方案：中长期经济增速略低，天然气价格偏高，基础设施建设滞后，天然气占能源消费总量比重提升速度缓慢。

中方案：中长期经济增速平稳增长，天然气市场发展平稳，天然气占能源消费总量比重提升较快。

高方案：中长期经济增速较快，天然气市场发展迅速，天然气占能源消费总量比重顺利达到《能源生产和消费革命战略（2016—2030）》预期目标。

根据能源消费总量的预测结果，在三种方案下计算中国天然气消费量，同时选取国内外学者对中国天然气消费量的预测结果作为对比，如表1-2所示：

表 1-2 中国天然气消费预测及比较　　　　单位：亿立方米

年　　份		2019	2020	2025	2030	2035	2050
本书	低	2 730	2 919	3 603	4 327		
	中	2 978	3 326	4 439	5 688		
	高	3 222	3 743	5 324	7 176		
张涛等（2016）		3 377.18	3 785.21				
胡小夫等（2016）			3 185	3 985	4 722		
邹才能等（2018）			3 500		5 500— 6 000		6 500— 7 000
杨建红（2018）			3 093	3 962			
陆家亮等（2018）						5 500	8 000

对比以往研究发现，学者对中国天然气消费需求的预测均处于本研究对中国天然气消费需求预测的低方案与高方案之间。可见，本研究在低方案下预测的中国天然气消费需求是相对保守的。

2. 中国天然气供给能力分析

中国天然气资源丰富，天然气生产和供应能力稳步推进。2018年中国天然气产量为1 615亿立方米，同比增长8%左右。中国勘探开发程度相对较低，未来发展潜力巨大。但与此同时，中国天然气资源开采难度较之于北美国家,难度大、开采成本较高。主要存在三个难点。第一,致密气占比较高。在常规天然气资源中,致密气占比达 1/3 左右,其开采难度和开采成本均相对较高。第二,埋藏条件较差。中国大量的页岩气资源埋藏较深,尚不具备大规模开采的条件。第三,体制机制不健全。目前,政府通过行政垄断的方式对天然气勘探业务进行了限制,拥有天然气勘探与开发资质的企业仅有中石油、中石化以及中海油等少数国有企业,其为了抢占资源,对诸多地块采取圈而不探的方式,不利于天然气产业上游的良性发展。

天然气的勘探开发技术在不断提升,中国也在着力对天然气产业进行体制机制改革。这些因素都会对开发常规天然气以及非常规天然气带来极大的正向影响,如中国在南海地区开发的可燃冰。在可预见的将来,中国天然气的生产与供应能力将会进一步提升。

天然气作为一种不可再生能源,其开发是有生命周期的,天然气产量会在某一时点达到峰值,随后产量开始逐年下降。世界上一些国家如罗马尼亚、意大利、英国、荷兰等先后达到天然气峰值。中国目前还未达到天然气峰值,中国在何时达到何种天然气峰值是一个值得研究的问题。从国内外学者对能源峰值预测的研究中可以发现,Hubbert 曲线模型是能源峰值预测的主要工具,其所采用的 Logistic 和 Gaussian 曲线模型是相对成熟的能源峰值预测模型,因而笔者也将采用该方法对天然气峰值进行预测。

Logistic 曲线函数采用历史数据拟合标准 Logistic 函数,天然气的累计产量与时间的关系可由式(1.2)表示。

$$Q = \frac{URR}{1 + e^{-(t-t_{max})/w}} \tag{1.2}$$

其中,Q 为累计天然气产量,URR 为累计产量和剩余可采储量之和,t 为年份,t_{max} 为峰值年份,w 为参数。如果变动系数 t_{max} 和 w 使拟合值与观察值的残差平方和最小,则该 t_{max} 为峰值年份,相应的年产量为天然气峰值产量。

该模型的缺点是：它假定经济因素与产量在长期并不相关。因此,该模型是一个纯粹的理论上的产量模型,忽视了经济周期、政策因素及其他相关因素对产量的影响。

Gaussian 曲线模型也可以利用天然气的历史产量来预测未来的天然气产量,天然气年产量与时间的关系可由式(1.3)表示。

$$Q = -\frac{dQ}{dt} = \frac{Q_\infty}{S\sqrt{2p}}e^{-(t-t_{max})^2/(2s^2)} \tag{1.3}$$

其中,P 为天然气的年产量,Q 为天然气未开采的储量,Q_∞ 为当 $t \to \infty$ 时的天然气的累计产量,亦即 URR,S 为常用的宽度系数。如果变动天然气峰值年份 t_{max} 和宽度系数 S 使拟合值与观察值的残差平方和最小,则该 t_{max} 为峰值年份,相应的年产量为天然气峰值产量,相应的天然气产量曲线为最优拟合曲线。

值得注意的是,该模型的缺点与 Logistic 曲线模型类似,也是忽略了经济因素对天然气产量的影响。但是从天然气历史产量的角度来看,天然气的历史产量已经包含了经济因素方面的信息,因此 Logistic 曲线模型、Gaussian 曲线模型利用天然气产量的历史数据来预测未来天然气的产量具有一定合理性。

分别使用 Logistic 曲线模型、Gaussian 曲线模型利用天然气产量的历史产量数据对未来天然气产量进行预测,预测结果如图 1-1 所示。

模型模拟结果显示：Logistic 曲线模型与 Gaussian 曲线模型结果具有一定差异性,但是差异性较小。Logistic 曲线模型模拟结果表明：中国天然气产量峰值将出现在 2027—2028 年左右,天然气峰值产量为 2 100.514 亿立方米。Gaussian 曲线模型模拟结果表明：中国天然气产量峰值将出现在 2028 年左右,天然气峰值产量为 2 014.988 亿立方米。

在运用上述两个模型时,有必要对剩余可采储量进行深入分析,这主要

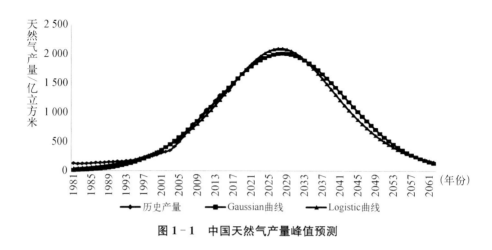

图 1 - 1　中国天然气产量峰值预测

基于以下两点考虑：一是天然气剩余可采储量数据随着技术进步以及地质勘探水平提升是动态变化的；二是天然气剩余可采储量对模型的输出结果有重要影响。因此，有必要显示天然气剩余可采储量变化对模型模拟结果的影响，同时也是对模型结果的进一步证明。

天然气产量数据来源于历年《中国能源统计年鉴》，天然气剩余技术可采储量数据来自自然资源部，截至 2017 年年底，这一数据为 55 220.96 亿立方米。美国等国家的天然气探明储量经历表明，可采资源探明率在 10％—45％时，储量可保持较高的增长速度，年均探明率在 1％左右，天然气产量快速增长。设定如下两种情景。

情景 1：根据《中国化学工业年鉴（2013）》，中国天然气可采储量探明率约为 23％。邱中建等（2009）研究认为，2000 年后，中国平均每年新增天然气可采储量为 3 000 亿立方米左右。假定年均探明 1％，经过 17 年储量快速增长阶段，中国天然气资源探明率到 45％，中国未经探明的天然气可采储量约为 51 000 亿立方米，即天然气最终可采储量为 106 220.96 亿立方米。

情景 2：根据《中国化学工业年鉴（2013）》，全国常规天然气最终可采储量为 14 万亿立方米。

分别在两种情境下对中国天然气产量的哈伯特曲线进行预测,预测结果如表1-3所示。

表1-3　不同情景下天然气产量预测　　　　　　　　单位:亿立方米

		主要年份产量			峰值产量	峰值年份
		2020	2025	2030		
情景1	Logistic 曲线	1 919	2 550	3 049	3 215	2 034
	Gaussian 曲线	1 764	2 202	2 547	2 745	2 037
情景2	Logistic 曲线	1 987	2 751	3 487	4 015	2 037
	Gaussian 曲线	1 808	2 320	2 783	3 275	2 041

根据表1-3的预测结果,中国天然气剩余可采储量越高,不仅会推迟天然气产量峰值年份,而且会提高天然气产量峰值,但这并不改变中国天然气产量先增加后递减的趋势性特征。

3. 中国天然气进口形势分析

从上述分析来看,中国天然气的国内生产增长远不能满足国内的消费需求增长,因而天然气需要大量依赖国际市场。从国外进口来看,中国天然气进口快速增长,进口呈现多元化来源特征。目前,中国天然气进口来源主要依靠陆上管道天然气进口和海运液化天然气进口。在管道气方面,中国已经形成在西向从中亚国家如土库曼斯坦、哈萨克斯坦等国,在北向从俄罗斯,在南向从缅甸进口天然气。在液化天然气方面,中国已经持续与马来西亚、澳大利亚、巴布亚新几内亚等国开展合作,签署液化天然气长期合同,包括购销合同、合作意向书以及谅解备忘录。同时,中国正在着力推进天然气进口基础设施建设,包括进口管道、储气库、LNG接收站,随着这些基础设施的不断完善,中国天然气的进口能力将会大幅提升。

4. 中国天然气发展面临的问题

中国天然气产业的发展在过去数十年发生了巨大变化。以往中国天然气需求较小,国产天然气就可以满足国内天然气的消费需求,而在过去的数十年间,中国天然气消费增长迅速,国产天然气已经不能满足国内天然气的消费需求,需要大量从国际市场上进口。随着天然气市场规模的扩大,原本的天然气市场效率略低、销价较高、输运困难、体制僵化等固有顽疾逐渐体现,需要从整体上对天然气产业的生产、运输、销售各个环节开展研究,理顺天然气产业的体制机制。其主要包括以下几个方面的问题:

第一,如何体现天然气的环境经济效益,促进天然气的消费。相比于煤炭、石油等高碳化石能源,天然气具有清洁性、安全性、经济性等特点,是替代高碳化石能源的优质燃料。与此同时,由于目前的能源价格体系中未考虑到环保价值,煤炭的价格相对于天然气,依然具有价格优势。此外,天然气在发电领域中,其调峰能力较佳,限制了天然气在发电领域中的应用。天然气是较为清洁的化石能源,但是目前的能源价格体系并未将此体现出来,这就制约了天然气与煤炭、石油等高碳化石能源的竞争,不利于天然气产业的发展。

第二,如何确保天然气市场的良性发展。如前所述,中国天然气市场的消费需求仍将迅猛发展,而天然气的产量则会先增加后下降,尤其是当越过天然气产量峰值时,中国的天然气消费需求将会大量依赖进口,天然气的对外依存度大幅度提升,天然气的供应安全面临挑战。此外,中国天然气产业上游基本上由三家国有油企垄断经营,企业由于具有垄断地位,缺乏降低生产成本的内在动力,天然气的生产成本持续提高。同时,由于天然气在国际市场上存在亚洲溢价,天然气进口价格较高。如果天然气的国内生产成本与天然气进口价格持续上涨,势必会传导到终端用户,而由于天然气的可替代性,终端消费者将会采用其他能源替代天然气的消费,而这将会对中国大力发展天然气产业的战略形成制约。

第三,如何完善天然气产业发展的基础设施建设。近年来,中国天然气基础设施建设发展较快,天然气管网、储气库、LNG 接收站等天然气储运基础设施都正在不断完善,基本上形成了全国一体化的管网架构,具备一定调峰能力的储存体系以及较强的进口接收能力。但是与天然气基础设施较为完善的国家相比,中国天然气的基础设施供给仍然不足,例如:管网输配能力有限,需要调动社会资本开展投资建设;储气库建设不足,全国局部地区出现的"气荒"现象表明天然气的调峰能力较弱;LNG 接收站需要进一步增加,从而为未来中国天然气大量进口做好准备。

第四,如何建立天然气市场化的价格机制。中国政府一直对天然气价格改革倾注了大量心血,改革的最终目标是放开天然气开采业的定价机制,由市场竞争形成,政府只对具有自然垄断性质的管道运输业进行价格管制。目前,我国对天然气价格定价的干预较多,主要在于天然气产业自然垄断的性质以及天然气本身基础性资源的性质。政府对天然气价格进行管制,出发点是为了协调天然气产业上、中、下游各方的利益,保障天然气产业健康可持续发展。然而,在实际操作上,政府对天然气的价格管制却存在"缺位"和"越位"的现象。经过近年来的天然气价格改革,天然气的定价方式已经从成本加成法向市场净回值法转变,并且与油价挂钩,在反映天然气与原油之间的比价关系上有所进步,但是缺点在于不能反映不同气源之间的竞争状况。这表现在:中游管道运输服务费缺乏统一标准,管道运输公司有提高管输服务费的倾向;下游燃气分销公司尽管较多,但是由于每个地方往往只有一个燃气分销公司,因而地方垄断特征显著;为了保证居民的消费,往往大用户消费的天然气价格高于居民,形成大用户补贴居民的特征,这对大用户在能源选择上造成困扰。

第五,如何完善天然气产业改革及政府监管体制。随着中国天然气市场规模的不断扩大,原本的天然气产业已经不适应发展的需求,亟须对天然气产业体系进行重构。从当前的天然气产业来看,天然气产业的中上游,即天然气开采业以及管道运输业基本上掌握在中石油、中石化、中海油三家油企手中,寡头垄断的产业组织结构缺乏市场竞争和效率,同时寡头垄断企业利用寡头垄断地位阻止其他企业进入。这对于天然气产业的改革是一个巨大挑战。在政府监管体制改革方面,国有垄断企业的领导均具有公务员性质,其职务会在政府机构与垄断企业之间进行转换,存在"旋转门"现象,因而政府在对天然气产业难以进行有效监管。政府在对天然气产业的结构改革以及政府监管体制改革方面应提早布局。

(二)中国天然气产业发展战略

1. 中国天然气发展战略目标

中国政府在相关顶层规划中多次提出要构建清洁、安全、高效的现代化能源供应体系。天然气作为一种相对清洁的能源,是国家能源结构调整的一个重要方向。中国天然气产业发展的具体目标包括以下几个方面:

第一,提高天然气在一次能源中的消费比重,多措并举扩大天然气的市场规模。首先,要加强天然气对燃煤的替代,主要是含硫高的劣质散煤。一方面,通过加强市场监管,提高居民以及商业用户获取劣质煤炭的难度;另一方面,要严格控制煤炭生产企业,提高煤炭质量,控制对国外劣质煤炭的进口。其次,要加强天然气对石油的替代。主要是在交通运输领域,鼓励私家车进行燃气改装,对城市公共交通使用的车、船进行改装,完善基础设施建设如增加加气站的数量,推进相关技术标准的制定如燃油车改装标准,采取多种方式推进天然气对石油的替代。最后,提升天然气相对于其他化石能源的优势。合理制定能源利用的财税制度,将不同能源的环境经济效益考虑进来,形成能够反映不同用途能源的比价关系,提升天然气在化石能源市场的竞争力。

第二,提高天然气供应来源的多元化程度。这包括两个方面:一方面,加强国内气源的多元化,在短期内保持天然气产业稳定发展,加大对煤层气、煤制气、致密气以及页岩气等非常规天然气的投入与开发力度,在中长期内形成天然气、煤层气、煤制气、致密气以及页岩气多种气源相互竞争的供应格局;另一方面,积极融入国际天然气市场,在与马来西亚、缅甸、澳大利亚等国天然气贸易往来的基础上,借助"一带一路"倡议,寻求与世界其他国家的天然气贸易合作,在拓展天然气进口来源的同时,提升中国对天然气贸易的议价能力。

第三,完善天然气产业基础设施建设。天然气作为一种特殊的商品,在常温下以气态形式存在,这就决定了其需要通过管网进行输送,与其他能源品种在输送方面存在较大差异。要确保天然气产业的良性发展,首先要建立完善的全国天然气管网输送体系。为此,需要做好以下几方面的工作。一是顶层规划。针对全国天然气生产与消费状况,在全国层面开展管网整体规划,确保天然气生产地与天然气消费地的连通。二是鼓励社会资本参与管网投资。全国管道运输网络体系涉及地域众多,所需资金巨大,可根据管网的具体情况,适当放开对社会资本的限制,调动全社会投资管网的积极性。三是确保无歧视准入。管道网络运输体系天然具有强自然垄断的特点,加之管道运输业与上游的天然气开采业相结合,已经形成了纵向垄断的格局,为了限制其他企业的发展,垄断企业对其他企业生产的天然气或非常规天然气不能同等提供运输服务,这不利于天然气产业的发展。四是除了加强管网建设以外,还应加强天然气储气库的建设,增加天然气的调峰能力,加强 LNG 接收站以及 LNG 运输船的建设,增加天然气进口的能力。

第四,逐步推进天然气价格改革。天然气价格改革是推动天然气产业健康可持续发展的关键。国家高度重视天然气价格改革,出台了众多的天然气价格改革规范性文件,对天然气价格改革的最终目标是放开两头、管住中间,即要形成天然气开采业以及燃气分销业市场化定价的机制,而仅针对管道运输业价格进行管制。中国地域广阔,不同地区的天然气市场成熟度不同,要对京津冀、长三角、成渝等天然气市场相对成熟的地区,试点取消门站价格限制,推进天然气的市场化定价;同时,对天然气产业进行结构拆分,推进天然气产业上、中、下游业务分离,避免天然气产业的纵向一体化,推进第三方管网的无歧视准入,为不同气源的供给者提供有利的市场竞争环境。

合理确定天然气的输配、储存价格标准,形成完善的天然气峰谷价格差异机制。

第五,推进天然气产业相关技术创新。目前,天然气产业在我国国民经济体系中占比相对较小,但是考虑到发达国家天然气产业发展的经验以及我国拥有丰富的天然气资源,未来中国天然气产业发展具有相当大的潜力。天然气产业包括上游的开采业、中游的管道运输业、下游的燃气分销业以及天然气利用的各个产业部门。在天然气产业中,涉及页岩气开发技术、深海气田开发技术、机械装备制造技术以及联合循环发电等天然气利用相关的技术,这些技术不仅是制约我国天然气产业发展的关键技术,也是困扰全球天然气产业发展的难题。破解这些难题不仅能推动我国天然气产业的发展,更将在全球天然气产业发展中占据主动地位。因此,我国一方面要加大资金和相关的人才投入,攻坚克难,解决技术难题;另一方面要完善相应的体制机制,为天然气产业相关的技术创新提供良好的政策环境。

第六,构建现代化天然气产业体系。欧美发达国家率先开展了天然气产业体系变革,尤其是北美国家,已经形成了竞争程度较高的市场化的天然气产业体系。中国天然气市场化程度较低,政府正在着力推进天然气产业变革,力求促进天然气产业的竞争,提高天然气产业的效率,降低天然气的生产成本。在当前阶段下,应主动推进能源体制改革,着重推动天然气市场化改革。在对天然气上、中、下游产业全面分析的基础上,对现有产业组织形式进行合理改革,放开社会资本进入限制,营造规范、公平、多元主体竞争的市场格局;对天然气产业中具有强自然垄断特征的管道运输业,政府应制定合理的监管体系,刺激运输企业生产经营的积极性,同时保障天然气上下游利益相关者的合理权益,提高行业的发展活力和生产效率。

2. 中国天然气发展路径及措施

中国天然气发展战略中重要的目标之一是提高天然气在一次能源中的

消费比重。要扩大天然气的消费,提升天然气的市场规模,其本质在于体现出天然气相对于其他化石能源的优越性、经济性。提高天然气相对于其他化石能源的竞争力,应从两个方面着手:一是构建科学合理的能源比价关系,在价格方面体现天然气相对其他能源的优势,这就要求考虑煤炭、石油等高碳化石能源使用的外部成本,但由此提高了能源的使用成本,对经济造成下行压力;二是为天然气产业发展提供良好的外部环境,包括良好的基础设施建设、有利的制度环境以及激发社会各界参与天然气产业发展的积极性。具体的路径及措施如下:

第一,加强天然气对散煤的替代。天然气资源有限且具有明显的清洁性特征,这就决定了应该优先采用天然气替代污染程度较大的高碳化石能源。而分散使用的煤炭,其在燃烧时不仅排放大量的污染物而且能源利用效率较低。分散使用煤炭的消费主体主要包括农村居民以及部分工业企业。对于远离城镇的农村居民以及分散的小企业而言,采用散煤能够降低生活、生产成本。在对散煤征收环保税、提高散煤价格后,天然气相对散煤将会具有一定优势,对散煤形成有效替代,同时要增加液化天然气的供给力度,方便远离城镇的居民以及工业企业利用天然气。

第二,促进交通用气发展。国内外研究表明,中国雾霾天气形成的一个重要原因是燃油汽车的大量普及。促进交通用气可对石油形成有效替代,降低交通污染。近年来,由于天然气对石油具有价格优势,燃气汽车在市场中已经占据一定份额。但是燃气汽车在发展过程中还存在一些问题,由于燃气汽车具有移动性、灵活性特点,其消费呈现移动点状特征,其规模化发展依赖于网络化的气体供应。因此,发展交通用气政府应该做好三个方面的工作:首先,加强基础设施建设,增加加气站点的供应。为了避免重复投资,可对原本的加油站进行改造,形成加油加气两用站点。其次,制定行业标准。对燃气汽车的标准进行规范,解决燃气汽车动力不足、稳定性较差的问题,提高燃气汽车的市场竞争力。最后,加强舆论引导。对燃气汽车进行正向宣传,宣传燃气汽车在社会公共交通中的应用以及其对于节能环保的重要意义,鼓励居民购买燃气汽车。

第三,制定合理的峰谷气价。天然气的消费受到时间的影响较为明显,在秋冬季节消费较多而在春夏季节消费量相对较少,在天然气发电领域常被应用于调峰发电。因此,天然气价格体系中应体现峰谷价格差异。中国天然气在总体上供给相对比较宽裕,但是每年均会出现局部地区"气荒"现象,究其原因在于储气库建设不完善,天然气的调峰能力较差。而储气库建设不完善则是由于天然气价格较少体现出峰谷价格差异,导致天然气供应企业建设储气库的动力不足。制定关于天然气的峰谷价格,将有助于推进储气库建设,体现天然气的经济价值,缓解地区"气荒"现象。

第四,减少交叉补贴。国外发达国家居民用气价格往往高于大用户直供用气,而在中国则相反。主要是因为天然气存在交叉补贴,从而降低了居民的用气成本,尽管这对于保证居民福利有益,但是不利于大用户使用天然气。因此,应该减少交叉补贴。一方面,随着居民收入水平的提高,居民的承受能力在增长,较少交叉补贴不会对居民福利产生较大影响,而且可以采用高收入群体补贴低收入群体的方式,对居民用气采取阶梯式定价;另一方面,大用户消费的天然气较多,减少交叉补贴将会降低大用户的用气成本,对其他大用户也将形成激励,有利于推动大用户天然气的消费。

第五,促进国产天然气开发。中国天然气以及非常规天然气储量资源丰富,但是受限于体制机制不完善,国产天然气并未得到充分开发。为此,应对天然气开采业体制机制进行合理改革。首先,引入多元化竞争主体。国家对天然气开采业的进入主体有明确规定,仅允许少数几家国有企业勘探开发天然气。这样做的优点是能够实现对天然气的大规模开发,缺点则是通过行政性的限制,将其他潜在进入者排除在外,国有企业受到行政保护,缺乏降低生产成本的动力。应对现有体制机制进行适度改革,放开部分天然气或非常规天然气开采的进入限制,增加行业的市场主体,提高行业的竞争程度。其次,建立矿权流转交易制度。近年来,中国年均天然气探明储量增长迅速,且在可预见的未来还将继续增长,但存在圈而不探、探而不开的问题,导致部分地块长期得不到勘探,而得到勘探的地块又不被开发。其原因在于获得地块的企业由于经济性或技术性限制,不能将其转化成经济效益,同时市场又缺乏其他开发主体,最终导致资源闲置。要解决这一问题,需要推动建立矿权的流转交易机制,从而促进资源的有效利用。最后,完善财税制度改革。国家在资源税改革方面已经做了很多工作,对油气资源税的改革进程也在稳步推进。在对天然气、煤层气、页岩气以及致密气等气体能源开发中,应考虑气源品种的差异性以及市场的成熟程度进行差异化征税。对市场较为成熟的天然气而言,可征收较高的资源税;而对煤层气、页岩气以及致密气等非常规天然气而言,征收较高的资源税不利于行业的发展,应对其免税或进行补贴。

第六,多措并举实现天然气进口来源多元化。近年来,国内天然气消费市场不断扩大,国内天然气产量远不能满足消费需求,天然气进口大量增加,天然气对外依存度增长迅速,天然气供应安全面临挑战。为了降低天然气供应风险,应该在三个方面实现天然气进口来源多元化。首先,增加进口来源国。整体上而言,中国在天然气进口方面的多样化程度有所提升。未来要加强同现有天然气进口来源国的合作,同时要借助国际能源交流,拓展天然气进口来源国。其次,进口方式的多元化。要保证天然气供应安全以及天然气利益最大化,签订近期、中期、远期不同合作协议,参考不同价格指数,考虑中国短期、中期、长期的天然气供需形式,制定不同条件下的天然气定价规则,最大化贸易双方的利益。最后,促进能源企业"走出去""引进来"。借助"一带一路"倡议,加强国内油气企业对外投资,拓展天然气供应来源,增加企业业务;加强与发达国家天然气开采业企业的合作,吸收借鉴国外企业在开采天然气尤其是非常规天然气所取得的经验,根据中国地质条件,创新借鉴,提高国内非常规天然气的开采技术。

第七,完善管网设施建设。作为天然气产业发展的基础设施,管网承接着连接天然气生产地与消费地的功能,应适度超前规划,做到互联互通。首先,加快管网建设,提高输气能力。随着国内天然气消费市场规模的扩大,需要较强的输气能力以保障天然气下游市场的发展。着重推进国家长距离输送管道的建设,进一步保障西气东送、北气南下、海气登陆的管网基本格局。其次,加强管网之间的互联互通。主要是将长输基本管道与枢纽站相连接,连接相近省级管网,形成地区之间的区域性管网体系,做到区域之间的天然气产品可按需调配。最后,放开投资限制,鼓励社会资本参与管网建设。对管网进行分类,适当放开部分级别管网的投资限制,引导社会资本参与管网设施建设,打破原有三大石油管网建设的市场格局,促进管网投资的多元化。

第八,完善储气库设施建设。完善的储气库对于加强天然气的调峰能力,保障天然气市场的平稳运行至关重要。但是目前我国天然气储气能力较弱,体制机制建设不完善。首先,加强储气库建设,优化储气库布局。近年来,国家天然气保持较为宽松的态势,尽管需求总量较大,总体上仍处于宽平衡状态,但局部地区时有"气荒"现象。这表明某些地区天然气储气能力不足,调峰能力较差。应对全国天然气消费需求与供应能力进行评估,加强调峰能力不足地区储气库的建设,保障地区天然气的供应安全。其次,借鉴国外储气库建设经验,出台适应于我国国情的天然气储备管理条例,明确相关管理组织的责任与义务;构建等级差异的储气库体系,国家层面建立国家战略储气库,地区层面建设用于调峰需求的储气库。最后,推进管理体制改革。我国天然气产业纵向一体化程度较强,导致自然垄断业务与可竞争性业务难以分离,而储气库业务作为天然气产业中的一个环节,如果不能独立于天然气产业之外,将会加深天然气产业纵向一体化的程度,加大天然气产业市场化改革的难度。应在全国统一规划储气库的基础上鼓励多元主体参与运营储气库,规范储气库的定价,推进储气业务的发展。

3. 中国天然气市场机制构建

中国天然气产业经历了从无到有、由弱到强的发展历程。现阶段国家对天然气产业的发展战略总体上可概括为提高产量、扩大消费、保障供应安全。而这些均需要国家进一步加强体制机制改革,充分发挥市场在资源配置中的决定性作用,同时加强监管、制定相应的配套政策,为天然气市场的可持续发展提供良好的外部环境。目前国家对构建天然气市场体制机制所采取的措施主要包括:

第一,分阶段推进天然气价格改革。合理的价格形成机制不仅是协调天然气产业上、中、下游利益的基础,也是决定天然气产业能够可持续健康发展的关键。国家在天然气价格改革方面做了四项工作。一是天然气价格由成本加成法向市场净回值法转变,国家仅对天然气的门站价格进行管理,降低了天然气价格管理的难度,提高了中上游天然气生产企业定价的自主性。二是加强天然气管道运输价格管理,制定天然气管道运输定价标准,降低管道运输业的投资回报率水平,从而降低了管网运输价格。三是初步制定了阶梯气价。天然气具有保障民生的作用,而居民消费者的收入水平不一,对天然气的消费能力不同。据此,政府初步制定了天然气的阶梯气价,从而保证低收入群体以低价消费天然气,而让天然气消费较多的居民承担较高的价格。四是初步建立了天然气现货交易中心。从全球市场来看,亚洲天然气价格明显高于世界其他地区,除了亚洲地区天然气资源禀赋较差、产量较低的原因以外,还在于亚洲缺乏天然气定价的话语权。我国建立了上海天然气交易中心,推动上海成为亚太地区天然气交易中心甚至国际天然气交易中心,从而增加亚太地区天然气定价的话语权,为亚太地区发展天然气营造有利的市场环境。

第二,推动天然气产业体制改革。国外发达国家经济体的发展经验表明,推动建立竞争性的天然气市场能够极大地激发天然气产业的活力,加速推动天然气产业的发展。国家也在积极推动天然气产业体制改革。首先,对天然气产业而言,天然气开采业部门是整个产业链的基础,在天然气产业运行以及利益分配中占有重要地位,国家对该领域尚未放开,但是放开了部分非常规天然气开采领域,允许社会资本进入,这也对未来天然气开采业的全面放开具有重要意义。其次,鼓励多元主体参与天然气进口贸易。目前,天然气进口基本掌握在中石油、中石化、中海油三家国有企业中,但是从政策上已经对其他企业放开,允许其参与到天然气贸易中,然而受基础设施开放准入限制,其他企业参与天然气进口贸易仍然存在困难。再次,推进矿权交易流转。在天然气产业上游,存在矿业权过度集中、圈而不探、探而不采等问题,政府在积极寻求恰当方式解决这些问题,一些省市针对上述现象出台了治理办法,而企业也在积极探索矿权流转机制,如中石油青海油田就曾将柴达木盆地的 4 个探矿权和两个采矿权区块流转给辽河油田。最后,推动天然气管网运输与生产、销售分离,推进管网向第三方市场主体开放,国家在《天然气"十三五"发展规划》中明确提出了这一目标,未来将会出台相应的配套政策。

第三,完善天然气产业监管体系。政府对天然气产业的监管既不能"越位"也不能"缺位",需要制定科学合理的监管体系,保证天然气产业的健康发展。首先,完善能源监管机构的管理体系。政府监管部门是市场规则的制定者和维护者,是独立于市场交易之外的裁判,政府通过市场监督管理部门,公平解决市场争端,维护市场参与者的权益。其次,完善监管协调机制。近年来地方政府注重部门联动,如部分地区推出的"一网通办""最多跑一次"等便民措施,在一定程度上推动了天然气产业的发展。

第四,完善天然气产业法律法规体系。完备的法律法规能为天然气产业可持续发展提供基础保障。现阶段,我国在天然气领域已经初步形成了法律法规框架体系。首先,在天然气勘探开发领域,《矿产资源法》对矿产资源权属关系进行了规范,但其主要以固体矿作为立法对象,未能考虑到天然气资源的特殊属性。其次,国家也针对矿业权的获取以及流转进行了立法,但相对于天然气产业的发展速度略有滞后,不能完全适应于目前天然气产业的发展需求。国家颁布了《石油天然气管道保护法》,对天然气的输运体系进行了规范,但尚未形成天然气产业体系整体性法律规范,在天然气生产、储气、配气、消费、环保等领域有待完善、健全。

(三)中国发展天然气的必要性

1. 中国空气污染损失严重

改革开放以来,中国经济迅速增长;与此同时,中国环境质量不断恶化。近年来,国家对生态环境保护的意识逐渐加强,环境恶化的趋势有所缓解,但我国生态环境质量不容乐观。2018 年,在全国 338 个地级及以上城市中,空气环境质量达标的城市有 121 个,占全部城市总数的 35.8%;空气环境质量不达标的城市有 217 个,占全部城市总数的 64.2%。338 个城市平均优良天数比例为 79.3%,平均超标天数比例为 20.7%;25 个城市优良天数比例低于 50%;120 个城市优良天数比例在 50%—80%。338 个城市共计发生重污染天气 1 899 次,严重污染天气 822 次,其中 $PM_{2.5}$ 是污染的主要原因,以其作为首要污染物出现的重污染天气占总数的 60.0%。2018 年,169 个地级及以上城市平均优良天数比例为 70%,平均超标天数比例为 30%。污染物主要以 $PM_{2.5}$ 和 O_3 为主。空气质量较差的地区主要集中在中部地区的河北、山西、陕西、河南、山东一带。从历史发展来看,中国空气污染状况近年来略有改善,但是空气质量状况未出现明显好转,空气污染对居民的健康水平依然存在较大威胁。

以北京为例,连续出现的大范围雾霾天气成为社会公众关注的公共话题。近年来,北京市 $PM_{2.5}$ 年均浓度约为美国空气污染最严重城市洛杉矶年均浓度的 5 倍,约为世界卫生组织推荐标准的 7 倍。陈素梅(2018)研究表明雾霾带给北京市的损失主要表现在三方面。一是对市民的身体健康造成损害。2016 年北京市雾霾污染导致了过早死亡病例 0.59 万、呼吸道疾病住院 36.15 万次、心血管疾病住院 129.99 万次、哮喘就诊 340.41 万次等。二是北京市雾霾污染在对居民健康造成损害的同时,也让居民为此承担了经济损失,2016 年健康总损失为 679.25 亿元,占当年北京市 GDP 的 3%。三是雾霾污染影响了北京市作为国际大都市的城市形象,不利于吸引外商投资、优秀人才,也不利于旅游业的发展。

何伟等(2018)研究了空气污染对健康损失的相关估算方法,以本溪市为例,采用工资风险法对 2014 年本溪市因 $PM_{2.5}$ 污染所导致的健康损失进行估算,结果表明:2014 年本溪市因 $PM_{2.5}$ 污染所导致的健康损失约为 96.32 亿—126.23 亿元,占当年 GDP 的 9% 左右。

张凤林和杨晓(2015)以西安为例,对转型期中国空气污染的社会经济损失进行了评估。研究认为对空气污染引致的社会成本包括三个方面:消费者层面,不仅包括直接损害,还包括疾病、死亡以及其他损害等间接损害;厂商层面,由于空气污染导致员工健康受损引致的生产力水平下降以及为达到减排标准所付出的成本;政府层面,治理空气污染的财政支出、空气污染政策治理执行查处的支出等。由于数据获取存在困难,该研究仅从消费者以及农业生产者的直接损失方面进行评估,仅为全部空气污染损失的一部分。估算结果显示西安市 2013 年,空气污染损失约为 42.56 亿—44.24 亿元,占 2012 年西安市 GDP 总值的 1% 左右。

综上,诸多学者对中国空气污染所造成的健康损失开展了多次研究,由于研究方法不同、评估标准不同,不同研究对空气污染造成的健康损失数值差异较大,研究结果存在不确定性。但无论如何,空气污染给中国确实造成了较大的直接经济损失,而间接经济损失更是难以估量。因此,治理空气污染对中国而言势在必行。

2. 天然气替代煤的环境价值

天然气作为一种相对清洁的化石能源,其主要成分是甲烷,在燃烧时仅释放少量的二氧化碳,其他污染物产生量较小。结合表1-4中的数据来看,天然气相对于煤炭、石油在大气污染物排放方面具有显著的优势。

表1-4 天然气、石油以及煤炭的污染物排放量对比

单位: 克/2.3×10^{12} J

	天然气	石 油	煤 炭
二氧化碳	117 000	164 000	208 000
氮氧化物	92	448	457
二氧化硫	1	1 122	2 591
粉尘颗粒	7	84	2 744

资料来源: EIA(1998),根据陆家亮等(2013)数据整理。

煤炭、石油等高碳化石能源在大规模使用时会带来较大程度的空气污染,对生态环境造成损害,进而对居民的身体健康产生威胁。而天然气作为一种相对清洁的化石能源,通过一定途径对煤炭、石油等高碳化石能源形成有效替代,将会产生较大的环境收益,有利于社会经济的可持续发展。

除了在燃烧利用时,煤炭对空气环境会产生损害,煤炭在生产过程中对环境污染的损害还表现在三方面。一是破坏开采地的生态环境风貌。由于煤炭是固体矿物资源,煤炭从地下开采出来以后,煤矿上方的地表缺乏支撑,造成地表塌陷。尽管国家强调要恢复矿物资源开采地的生态环境,但是受限于成本等因素,恢复原貌较为困难。二是造成废水污染。煤矿在开采过程中会产生矿井水,对周边水环境造成污染;湿法洗煤工艺在处理煤炭时会产生大量的含有有害重金属离子的废水。相关资料显示:平均开采一吨煤需要排放矿井水2.3吨、排放工业废水0.35吨、排放洗煤水0.05吨、排放其他废水0.04吨。三是造成废气污染。煤矿在开采过程中会产生矿井瓦

斯,而矿井瓦斯不仅会导致矿井爆炸,造成人员伤亡,而且也是引起全球温室效应的气体之一,其导致的温室效应效果远超二氧化碳。

3. 天然气对节能减排的贡献

随着世界各国对气候变暖的日益关注以及我国社会公众越来越关注雾霾问题,中国加大了在节能减排领域中的工作力度,这不仅有利于抑制全球气候变暖、缓解雾霾问题,还能降低社会发展的用能成本,促进社会经济可持续发展。《"十三五"节能减排综合工作方案》要求推动能源结构优化,特别提出鼓励天然气等优质能源替代燃煤使用,减少散烧煤和燃油消费,天然气消费比重提高到10%以上;并提出到2020年,全国化学需氧量、氨氮、二氧化硫、氮氧化物排放总量要比2015年分别下降10%、10%、15%、15%,挥发性有机物排放总量要下降10%以上。

从能源消费结构的全局来看,天然气替代煤炭空间较大的领域在工业燃料以及居民取暖方面。

首先,工业与居民用煤污染较大。随着中国对煤炭清洁化利用战略的逐步推进,大规模利用煤炭的企业如发电厂,其除了对煤炭的质量有较高要求以外,还对煤炭燃烧产生的污染物如何回收有较为严格的标准,因而大型企业在消费煤炭时,由于存在规模效应,其产生的单位污染量较低;而一些分散的小型工业企业,由于本身规模较小,环保设备成本较高,其在利用煤炭时采取的环保标准较低,对环境污染的损害较大。居民用煤,尤其是非集中式的取暖用煤,对空气质量产生较大负面影响。

其次,以气代煤要考虑方式方法,对生产和生活用煤污染物排放的控制应区别对待。对工业企业,可适当增加政府监管力度,同时应采取措施保障企业的能源供应,如通过接入天然气管网,以气代煤;距离城镇较远者,可采取接入电网,或利用液化天然气的方式。对分散的居民,可增加液化天然气供应,增加天然气利用的灵活性。此外,还要对散煤销售点进行监管,提高散煤品质,避免劣质煤流入市场。

第二节　拟解决的关键问题及选题意义

能源的合理利用是实现经济与环境协调发展的关键之一。当前我国能源禀赋结构特征是富煤、贫油、少气,煤炭的开发利用成本相对较低,导致我国能源消费结构以煤为主。然而,煤炭是产生外部不经济性最高的化石能源,它不仅在开采时对生态环境造成损害,在燃烧时也会产生大量的二氧化碳、二氧化硫、氮氧化物以及粉尘颗粒等污染物。中国空气污染严重,由此带来的健康损失巨大。调整能源消费结构是改善空气污染问题的重要手段之一。当前,由于可再生能源面临技术和经济性限制,大规模应用尚需时日,而天然气由于其经济性、安全性、环保性特征,成为替代煤炭、石油等高碳化石能源的理想选择。因此,加大天然气在一次能源中的消费比重成为我国能源战略的重要目标之一。

一、拟解决的关键问题

提高天然气在一次能源中的消费比重,关键在于为天然气产业提供良好的外部环境,而合理的价格形成机制则是天然气产业有序发展的基础。我国决策层高度重视天然气价格改革问题,近年来出台一系列价格改革政策,理顺天然气价格,完善天然气价格形成机制。

我国对天然气价格在哪些环节存在政府规制,政府转变对天然气的价格规制后,会对国民经济体系产生何种影响?这是本书所要解决的关键问题。具体而言,主要包括以下几个问题。

第一,对中国天然气产业的政策体系进行研究,探究中国天然气价格规制政策、产业政策以及法律法规之间的内在联系,对天然气产业的政策进行整体梳理。

第二,系统研究中国天然气产业所面临的各种价格规制改革,包括资源税改革、交叉补贴改革以及市场化价格改革等。

第三,构建能够刻画天然气产业非完全竞争特征的 CGE 模型,并采用 CGE 模型刻画政府对天然气的各种价格规制行为。

第四,模拟天然气价格规制改革对环境经济体系产生的影响,包括对能源消费结构、居民福利、实际 GDP 以及大气污染物排放等方面。

第五,对输出结果进行分析,提出进一步完善天然气价格规制改革的政策建议。

二、选题意义

中国空气污染问题尤其是雾霾污染问题严重,对居民健康造成了损害,付出了较大的经济成本。能源消费结构调整是应对雾霾问题的重要手段之一。对此,国家通过多种措施来调整能源消费结构,如发展天然气、风电、水电、核电等相对清洁的能源。其中,发展天然气产业,提高天然气在一次能源中的消费比重是国家能源战略的重要内容之一。我国长期以来对天然气价格进行规制,近年来正在逐步对天然气价格规制进行改革。本书就天然气价格规制改革展开研究,对天然气价格规制改革的历史进程以及未来方向进行梳理,同时通过构建能够反映中国天然气产业特征的 CGE 模型对天然气价格规制改革的效果进行模拟,全面量化分析天然气价格规制改革对环境经济体系产生的影响,从而为决策者制定相应的政策提供借鉴。

以往学者大多从天然气价格规制改革的理论与政策角度开展研究,据此得出经验性总结以及相关政策建议,就天然气价格规制改革对环境经济体系将会产生何种影响,并未作详细分析。在涉及对政策全面量化分析评估的模型选择时,计量模型难以刻画环境经济系统之间的关系;投入产出模型尽管能刻画经济体系之间的关系，但是价格却不能做出相应调整；CGE模型能够克服上述问题，是相对适宜的选择。因此，本书将会以一般均衡理论为基础，在一般均衡模型中刻画政府对天然气的价格规制行为，从而模拟天然气价格规制政策变动产生的环境经济效果。

本书构建能够反映中国特征的可计算一般均衡模型，对中国天然气价格规制改革的环境经济效果进行全面量化分析，在结果分析的基础上提出相应的政策建议，为中国进一步完善天然气价格规制改革提供决策参考。

第三节　研究内容及思路

中国对天然气价格规制改革的目标体现在两方面：一是理顺天然气价格形成机制，促进天然气产业的良性发展，改善居民福利，拉动经济增长，促进经济体系中效率的增进；二是优化能源消费结构，提高天然气在一次能源中的消费比重，降低大气污染物排放。本书的研究主线是天然气价格规制如何改革，才能实现经济与环境的协调发展。按照"理论研究—改革进展—模型构建—政策模拟"的研究思路进行撰写：理论研究包括第一章与第二章，改革进展为第三章，模型构建为第四章，政策模拟为第五章、第六章、第七章、第八章。本书研究的主要内容如下：

第一章，导论。本部分主要介绍研究的背景，包括全球天然气产业发展的趋势，中国天然气产业发展的趋势以及中国发展天然气产业的必要性，并提出本书所要解决的关键问题，阐释研究的意义，简要说明本研究的贡献。

第二章，文献综述。本部分主要从四个角度开展文献回顾：一是对自然垄断产业相关的价格规制理论开展文献回顾；二是对国内外关于天然气产业价格规制改革的相关研究进行梳理；三是对CGE模型相关研究进行梳理；四是对天然气价格变动的传导机制进行文献梳理，从而明确天然气价格规制变动对环境经济体系的传导路径。

第三章,中国天然气价格规制改革进展。首先,分析中国天然气发展现状及面临的问题,针对天然气产业不同环节展开具体分析;其次,研究天然气产业不同环节在价格规制改革方面的进展以及面临的难点;最后,研究政府对天然气产业不同环节的监管体制,存在的问题以及改革的方向。

第四章,中国天然气可计算一般均衡模型构建。首先,构建关于中国经济基本的可计算一般均衡模型,对部门划分、方程体系进行详细介绍;其次,对中国天然气产业非完全竞争的特征进行刻画;最后,对模型所需要的数据来源、数据处理以及模型计算等进行介绍。

第五章,国际天然气价格冲击的模拟研究。中国天然气对外依存度不断提升,2018年已经达到43%,远超过国际能源安全警戒线30%的标准,并且未来中国天然气对外依存度仍有进一步上升的趋势。中国天然气价格改革的最终目标是实现市场化的定价方式,在存在价格规制与取消价格规制的情景下,国际天然气价格上涨对中国环境经济体系的冲击会产生何种差异,通过模拟分析,为应对国际天然气价格上涨提供决策依据。

第六章,天然气资源税改革的政策模拟研究。资源税改革的目标是在价格体系中反映不可再生资源的稀缺性,降低对不可再生资源的浪费,提高资源利用效率,反映代际公平。天然气资源税改革会对经济体系产生何种影响?天然气资源税改革的经济效果是否能起到应有的效果?对此,将展开具体剖析。

第七章,天然气交叉补贴改革的政策模拟研究。我国民用气价长期低于工业气价,其根本原因在于我国天然气资源相对稀缺,国家为了保障天然气资源的利用,优先保障民生,对民用气进行补贴,从而降低了民用天然气的最终消费价格,使得民用天然气长期低于其真实价格。随着中国城市化进程的不断推进,越来越多的居民从农村转移到城镇,民用天然气将更加普及。如果继续对民用天然气进行补贴,对政府将造成较大的财政负担,同时由于民用气价低于真实价格,会造成资源浪费的情况,不利于天然气资源的有效利用。因此,天然气交叉补贴改革是本书的一个研究重点。通过研究天然气交叉补贴改革对环境经济体系的影响,从而为进一步推进天然气价格改革提供决策参考。

第八章,天然气市场化改革的政策模拟研究。中国天然气价格改革的最终目标是放开两头、管住中间,即仅针对具有强自然垄断性质的管网运输业进行规制,而在天然气开采业以及燃气分销业内引入市场竞争机制,形成市场化的定价机制。那么,天然气市场化改革对环境经济体系会产生何种影响,政府应该从哪些方面着手推进天然气市场化改革?本章将做深入分析。

第四节 本书的贡献

本书的贡献主要体现在以下几个方面:

第一,对天然气价格规制改革与天然气产业改革的关系进行了深入分析。随着中国供气来源越来越多,不仅包括进口气,还包括煤制气、煤层气、页岩气、致密气等非常规天然气,天然气市场主体越来越多元,中国政府主动选择对天然气从政府定价向市场定价过渡,最终实现完全的市场定价。然而,学者往往忽视了中国天然气产业市场结构问题,在寡头垄断的市场结构下,持续推进市场定价可能会增加垄断企业的超额利润。因此,要转变目前的政府定价方式,促进天然气产业的健康发展,应首先对垄断的市场结构进行改革。

第二,以往关于中国天然气价格规制改革的研究以定性研究为主,量化分析不足,缺乏对天然气价格规制改革的实证分析,因而无法反映天然气价格规制改革对环境经济体系产生的效果。为了弥补以往研究的不足,本书构建了可计算一般均衡模型,刻画了不同条件下政府对天然气的价格规制行为,模拟了天然气价格规制改革产生的环境经济影响。

第三,构建了反映中国天然气产业非完全竞争特征的 CGE 模型。中国天然气产业寡头垄断特征显著,天然气开采业以及管道运输业基本上均掌握在中石油、中石化以及中海油三家集团公司手中。因此,在研究天然气价格规制改革时,有必要刻画天然气产业非完全竞争的市场结构特征,否则模型模拟结果对天然气价格规制改革的决策参考意义下降,甚至产生错误的指导,对政策制定造成困扰。

第四,对天然气价格规制改革的减排效应与经济效应进行了模拟。采用可计算一般均衡模型刻画了政府对天然气的价格规制行为,对价格规制政策变动进行模拟,能够较为直观地发现天然气价格规制改革对宏观经济、部门经济以及大气污染物排放产生的影响。由此得出研究结论,为决策者提供可供借鉴的现实依据,在此基础上提出中国下一步推进天然气价格规制改革的政策建议。

第二章
文献综述

天然气产业属于自然垄断产业。由于自然垄断产业存在经济效率低下问题,因而政府对天然气产业进行价格规制。发达国家在对天然气产业规制的过程中,发现尽管天然气产业属于自然垄断产业,但是天然气产业也存在可竞争性业务,因而对天然气产业进行了规制改革,并取得了较好的经济效果。本研究的目标在于准确模拟天然气价格规制改革对环境经济体系的影响,从而为深化天然气价格规制改革提供决策参考。基于此,本章首先梳理自然垄断产业价格规制理论,考察天然气产业价格规制的理论基础;然后梳理天然气价格规制改革研究进展,考察国外天然气产业规制改革的效果以及国内天然气产业价格规制改革的研究进展;继后梳理可计算一般均衡模型在能源-经济-环境领域中的应用;最后梳理天然气价格变动传导机制的研究进展。

第一节 自然垄断产业价格规制理论

一、规制理论

规制又称管制,指政府为实现特定的公共经济政策目标而对经济进行干预和控制,以矫正和改善市场失灵的行为。关于规制的严格定义,不同的学者给出了不同的解读。植草益(1992)认为规制是按照一定的规则对特定的经济行为主体的活动进行规范和限制的行为,包括宏观和微观两个层面,按行为主体又分为私人进行的私人规制和公共机构进行的公共规制两大类。Kahn(1970)认为规制是政府对公共事业部门及经济运行主要方面做出的规定,涉及产业准入、价格决定、服务条件和质量,以及合理条件下服务所有客户时应尽义务。Stigler(1971)首先提出政府规制是政府响应利益集团的诉求为实现其利益而设计和实施的一种法规(rule),从而开创了规制经济学,将规制的对象范围扩展至一切的公共-私人关系。Gellhorn and Pierce(1982)认为规制是规制者的判断对市场判断的取代,是其对众多私人经济力量的法律控制形式之一。也有学者认为规制是同政治家追求政治目的相关的政治过程(Mitnick,1980;Meier,1985)。Spulber(1999)对前人分别从经济学、法学和政治学单一视角的规制分析进行了批判和综合,试图融合行政决策模型和市场机制模型,认为规制包含了其本身和制定过程两重含义,是消费者、企业和规制制定者相互结盟并讨价还价的过程。余晖(1997)认为规制是政府行政部门通过各种法律法规和行政裁决手段直接对微观经济主体进行直接干预,以治理市场失灵的行为。王俊豪(2001)认为规制是具有法律地位且相对独立的政府机构,对被规制者依据法律法规展开的一连串行政管理与监督行为。

综上,规制有如下三个特点:第一,规制是政府行为,其目的具有不确定性(处于不同发展阶段的国家其目标存在差异);第二,规制的内容具有多样性,可以是对经济行为(如产品价格)进行规制也可以是对社会行为(如企业进入)进行规制;第三,规制的"度"难以把握。以往学者对规制的研究,认为规制是政府行政机构依照各种法律法规对经济主体行为进行干预或控制,从而矫正和改善市场失灵、增进社会公共福利的政府行为。

(一) 规制的必要性

经典的微观经济学理论证明了在一系列严格的假设条件下,完全竞争市场能够使得资源配置达到帕累托最优状态。现实经济运行面临的情况纷繁复杂,完全竞争市场仅存在于理论研究中,现实中的市场机制难以完全发挥有效配置资源的作用。市场机制不能发挥其调节资源实现资源有效配置的情形,称为市场失灵。在市场失灵的状况下,政府需要对市场进行规制,从而纠正市场失灵的情况。市场失灵主要包括四种情形,即垄断、外部影响、公共物品和不完全信息。

1. 垄断

广义上的垄断,即不完全竞争,它包含了垄断、寡头垄断和垄断竞争三种情形。范里安(2010)认为垄断是指单个或少数几个厂商对某一特定市场上的某种产品具有排他性的控制。厂商成为垄断者的关键特征在于是否具有一定程度的市场势力(Market Power),是否能够通过调整产量影响产品的市场价格,所提供的产品是否具有不可替代性。在存在垄断的情况下,将会造成三方面问题。第一,社会福利损失。在传统的经济学中,总的社会福利损失为所谓的"纯损"三角形(也称哈伯格三角形)。垄断厂商为了获得垄断所带来的所有垄断利润,将会采取"寻租"行为,即厂商将一部分利润用于游说政府或贿赂政府官员以获取垄断利润。第二,收入分配不均。垄断厂商为了获得额外收益,往往对不同的消费者采取不同的价格。垄断厂商能够借助其垄断势力进行定价,其目标是利润最大化。在这一指导原则下垄断厂商往往会采取价格歧视策略,从而尽可能地最大化自身利益。第三,生产低效。在存在垄断的市场条件下,由于缺乏竞争,厂商缺乏削减成本的内在动力,即在向市场供应商品时,企业并没有达到生产成本的最小化,产生 X-无效率问题(Leibenstein,1966)。

2. 外部影响

外部影响,又称外部效应,指某个经济行为主体进行经济活动时对社会上其他经济行为主体的福利产生影响,但并没有承担相应后果的情形。外部性定义的前提是庇古所提出的"附带性",即外部性的产生并不是经济行为主体有意影响他人或组织的结果,而是经济行为主体采取理性、自利行为时附带产生了影响他人或组织的结果。外部影响的存在使得经济行为主体进行经济活动所付出的成本(私人成本)与该项经济活动实际造成的全部成本(社会成本)或所获得的收益(私人收益)与该项经济活动带来的全部收益(社会收益)并不一致。如果经济行为主体从事某项经济活动所得的私人收益小于社会收益,即经济行为主体从事经济活动使得其他社会成员福利增加但并未因此获得补偿,这种性质的外部影响称为正外部影响或外部经济;而经济行为主体从事某项经济活动所付出的私人成本低于社会成本,即经济行为主体从事经济活动使得其他社会成员的福利受损但并未因此支付赔偿,这种性质的外部影响称为负外部影响或外部不经济。根据经济行为主体在经济活动中的角色是生产者还是消费者,可以将外部影响分为生产的外部影响和消费的外部影响。将经济行为主体在经济活动中的角色和外部影响的正负性进行两两组合,外部影响一共可以分为 4 种情形:生产的正外部影响,经济行为主体作为经济活动中的生产者,从事生产活动并增加了其他社会成员的福祉,而他自己却不能从中获得相应报酬,因而产生生产的正外部影响;生产的负外部影响,经济行为主体作为经济活动中的生产者,从事生产活动并损害了其他社会成员的福祉,而他自己并不需要对此进行相应补偿,因而产生生产的负外部影响;消费的正外部影响,经济行为主体作为经济活动中的消费者,进行消费活动并增加了其他社会成员的福祉,而他自己却不能从中得到补偿,因而产生消费的正外部影响;消费的负外部影响,经济行为主体作为经济活动中的消费者,进行消费活动并损害了其他社会成员的福祉,而他自己并不需要对此进行补偿,因而产生消费的负外部影响。当经济体系中存在外部影响时,即使在完全竞争的条件下,资源配置也不能达到帕累托最优状态。

3. 公共物品(Public Goods)

公共物品,指同时具备非排他性和非竞争性的物品或服务,即能被不同的经济行为主体共同消费,并且每个经济行为主体的消费不会降低其他经济行为主体消费的物品或服务。排他性,即当某个经济行为主体对某物品或劳务进行消费时,其他经济行为主体就不能再对该物品或服务进行消费。竞争性,即某个经济行为主体对某物品或服务进行消费会使得其他经济行为主体对该物品或服务的消费减少。根据是否满足排他性和竞争性可以将物品分为私人物品、准公共物品和公共物品三类(见表2-1)。

表 2-1　私人物品与公共物品

	排 他 性	非 排 他 性
竞争性	私人物品,比如牛奶、水果、衣服、鞋子、汽车等一般的消费品	准公共物品(公共资源),比如公共渔场、公共牧场,以及其他无私人产权的自然资源(野生动物和植物);公共道路、免费公园,以及其他免费公共设施等
非竞争性	准公共物品(付费的自然垄断产品),例如自来水、电力、燃气、网络线路,体育馆、影剧院,收费的公园和博物馆,其他收费的文体休闲娱乐设施等	纯公共物品,比如国防、环境、规章制度体系、灯光等

在完全竞争市场条件下,由于私人物品具有排他性和竞争性,市场均衡时消费者消费一单位的私人物品的机会成本等于私人物品的市场价格,也等于生产者提供一单位私人物品的边际成本。此时,资源配置处于帕累托最优状态。由于公共物品没有私有产权,而且消费的机会成本为零,因此无法通过市场竞争来定价。消费者在消费公共物品时,并不能影响其他人进行消费,因而消费者有隐藏自身消费意愿的动机,从而尽量减少支付,甚至不支付。因此,公共物品如果由私人提供会出现事前隐藏偏好,以避免支付、事后免费使用的问题,即存在"搭便车"(Hitchhiking)的现象;而在公共物品的消费上会出现"公地悲剧"(Hardin,1968)的现象。因而,公共物品如果由市场提供,则会出现供给过少以及过度消费的问题。

4. 不完全信息(Imperfect Information)

完全竞争市场模型的重要假设条件之一是完全信息,即厂商和消费者都拥有关于产品交易所需要的一切信息,比如厂商知道消费者的偏好,消费者知道厂商提供产品的质量等。不完全信息,既包含绝对意义上的信息不完全,即受限于认知能力,消费者不能获取所有信息,也包含相对意义上的信息不完全,即市场经济不能生产足够的信息并进行有效的配置。信息作为商品进行交易时,只有消费者不知道它的时候才会表现出价值,一旦消费者知道了也就失去了价值。信息的提供者尽量让消费者少了解信息,而消费者会尽力去充分了解信息,以确定其是否值得购买。这种供求双方拥有与交易相关信息的多寡差异称为信息不对称,也就是相对意义上的信息不完全。

信息不对称可以分为逆向选择(Adverse Selection)和道德风险(Moral Hazard)两种。Akerlof(1970)在分析二手车市场时最早提出逆向选择问题。他的基本假定是,二手车市场上车的质量服从均匀分布,消费者愿意对质量最好的车支付 200 美元,而对质量最坏的车支付为 0 美元,买方不知道车的质量,卖方完全了解车的质量。由于信息不对称,潜在买方对劣质二手车的意愿支付价格为劣质二手车的期望价值,即 100 美元。对质量高于平均水平的潜在卖方,由于潜在买方的支付意愿偏低,其车会退出市场;而质量次于平均水平的卖方由于潜在买方的支付意愿高于实际价值,其车从而进入市场。当买方预期到这些会进一步下调其对每辆旧车的支付价格为 50 美元,如此重复下去,最后二手车市场中只剩下买方认为没有价值的车,不利于二手车市场的发展。道德风险源于保险业,描述了保险公司提供汽车损坏赔偿险服务,车主因为已经购买损坏赔偿保险,从而放松了对车辆的保养甚至使用过程中毫不爱惜,造成保险公司承担此类额外风险的现象。在建模分析中,将参与者分为委托人和代理人,拥有信息优势的一方是代理人,而不具备信息优势的另一方为委托人,从而又称信息不对称模型为"委托-代理"模型。逆向选择中消费者面临信息不对称,厂商存在着隐藏信息的动机,降低产品价格并不一定能刺激消费者增加对该产品的需求;道德风险中厂商面临信息不对称,消费者存在着隐藏行动的动机,消费者提高意愿支付价格不一定能刺激厂商增加该商品的供给。

综上所述,由于实际经济运行难以达到理想的完全竞争市场状态,存在垄断、外部影响、公共物品以及不完全信息等问题。为了应对市场失灵问题,更加有效地配置稀缺资源,政府应采取合理的规制措施,使得经济体系达到次优的帕累托最优状态。因此,政府规制对于确保经济体系的有序运行、降低社会福利损失具有重要作用。

(二) 规制理论的发展

规制理论主要解决的问题是规制的动机是什么、谁从规制中获益、规制容易发生在哪些经济活动中等。从规制理论的发展历程上来看,主要经历了规制公共利益理论、规制俘虏理论、规制经济理论、可竞争市场理论和激励性规制理论 5 个发展阶段。

1. 规制公共利益理论

规制公共利益理论是一种建立在实证研究基础上的规范分析(Normative Analysis as a Positive Theory),其理论基础是新古典经济学。由于市场失灵造成了资源配置的低效率和社会福利的净损失,而政府作为公众的代表有必要纠正市场失灵,以改善配置效率,从而增进公众福祉。这一理论根源于受大危机和垄断资本主义影响而兴起的国家干预主义思想,尤其是深受产业组织理论哈佛学派的影响。出于公众利益的需要,政府需要对公共事业和重要产业进行规制,例如政府要解决市场垄断造成的价格过高和供给不足、负外部影响带来的供给过度和资源浪费等问题。

规制公共利益理论也受到一些学者的批评。Posner(1974)认为这一理论存在两个基本前提条件:第一,市场并不总能有效地配置资源,市场失灵会造成社会福利的净损失;第二,政府规制行为的成本几乎为零。Viscusi

（1995）等认为该理论以规制的发生是因为公众需要规制来增加社会净福利为前提，然而该理论并没有说明对社会净福利的追求是如何进行的，也缺乏实证研究支持规制发生的论断。根据这一理论，规制应该主要发生在因为垄断、外部影响、公共物品和不完全信息等容易发生市场失灵的诸如公共设施、国防、自然垄断等产业；然而，事实上生活中很多存在进入与价格规制的产业例如保险和货运既非自然垄断也不具有外部影响，厂商也会游说政府机构寻求规制来获得稳定的垄断利润。各个政府部门也会有自己的利益诉求，并且规制行为也有一定的成本。Utton（1986）认为政府规制会使得受规制约束的经济运行偏离最优，走向次优的目标，并且认为仅仅将市场失灵和福利经济学作为理论基础是狭隘的。

2. 规制俘虏理论（Capture Theory of Regulation）

产业组织理论芝加哥学派的代表施蒂格勒和弗里德兰（Stigler and Friedland，1971）通过梳理美国历史上的规制案例，实证分析发现受规制的产业反而普遍具有较高的利润。从 19 世纪末到 20 世纪 60 年代的规制经验表现出了规制对生产者的偏向性，即规制提高了产业内厂商的利润。在潜在竞争产业，如货运和出租行业，规制允许高于成本定价和限制准入；在自然垄断产业，如电力、供暖等公用事业，规制对价格作用甚微，这些产业内的垄断企业能够获得超额利润。这些经验案例触发了规制俘虏理论的产生和发展。规制俘虏理论认为，利益集团会对政府机构进行寻租，使得政府机构（规制者）只是狭隘地代表了某一特殊集团的利益而非一般公众的利益，规制正好是迎合特殊集团的需要，从而规制者被利益集团所俘获并成为利益集团赚取超额利润的工具。随着芝加哥学派对产业组织理论的推动，规制俘虏理论为 20 世纪 80 年代政府放松规制提供了理论基础。

与规制公共利益理论相比，规制俘虏理论对规制的建立过程展开了分析，也得到了丰富的经验事实支持。然而，规制俘虏理论也存在不足，其只强调了厂商对规制的影响，忽略了其他利益群体如消费者和劳工组织等对规制的影响,并且同样存在大量的规制现象无法解释。第一,铁路、航空和电信业中普遍存在交叉补贴现象,但是交叉补贴仅仅使得垄断企业获取正常利润,维持企业的正常经营,并未过分增加垄断企业的超额利润。第二,规制往往对规模较小的生产者有利,在不存在规制的情况下,小规模生产者反而不占优势。第三,存在很多不受生产者支持的规制,如对石油、天然气等产业的价格规制和关于环境和安全生产的社会规制,生产者由于受到此类规制,获利空间被极大地压缩。此外,规制俘虏理论并未解释规制产生的内在机制,也未能揭示规制者被俘获的动态演进过程。

3. 规制经济理论(Economic Theory of Regulation)

在分析规制俘虏理论的缺点基础上,施蒂格勒把政治行为纳入经济学供求分析的基本框架下,成功解释了利益集团如何影响规制,从而开创了规制经济理论。1971 年,施蒂格勒发表《经济规制理论》一文,通过对规制俘虏理论的批判和扩展,开创了运用经济学的基本范式和研究方法分析纳入政治过程的规制理论,这标志着规制经济理论的诞生。此后,佩尔兹曼(Peltzman)和贝克尔(Becker)等人在其研究基础上对规制经济理论进行了进一步的发展和完善。规制经济理论的中心问题是,谁是规制的受益者,谁是规制的受损者,政府采取什么样的规制方式以及规制会对资源配置产生什么样的影响等。

Stigler(1971)将规制视为由经济系统内生决定的,其中政府作为规制的供给者,而厂商作为规制的需求方,双方在各自利益最大化的约束条件下决定均衡的规制水平。其分析展开的前提假设是:政府的根本资源是权力,政府的目标是追求政治支持最大化,而利益集团的目标是自身利益的最大化,利益集团为获得可接受的立法规制而通过向政府提供政治支持的方式展开竞争。由于厂商相对于消费者而言数量少、更为同质且更容易组织,规制带来的平均收益更高,更有动机进行游说,从而规制的结果必然会更利于厂商。施蒂格勒并没有完全解决利益集团的政治力量函数这一涉及政治均衡的重要问题。

Peltzman(1976)将施蒂格勒的工作更加具体化和模型化。他将前提假设丰富和扩展为：规制是对社会财富的再分配，政府通过立法获得政治支持，而利益集团通过政治支持以换取政府在立法上的倾斜。佩尔兹曼认为政府不会只为单一的利益集团服务，即其规制并不总是有利于厂商，也可能有利于消费者。他用产品价格和产业利润作为自变量构建了政府的政治支持函数，再借助基于政治支持函数的政治无差异曲线和产业利润函数分析政府对价格规制的最优选择，发现最优规制价格介于零利润的完全竞争市场价格和最大利润的垄断价格之间，政府最有可能规制竞争性强或垄断性强的产业。规制竞争性强的产业，如出租车、货运和农业等产业会使得厂商从中获益；而规制垄断性强的产业，如燃气、电力、电信和铁路等产业会使消费者从中获益。此外，进一步分析需求和成本改变对规制均衡的影响后，发现这些变化都会牺牲其他群体的利益来补偿成本相对较高的一方。

Becker(1983)从被规制的利益群体入手，分析了他们如何施加政治影响并最终达成政治均衡，强调利益集团为获得利于己方的规制而展开竞争。假定利益集团影响力取决于群体的人数和使用资源数量，利益集团对政府的影响力总和是固定的，而政府规制偏向于影响力大的利益集团。施加影响力会将对方的福利转移到己方，但是需要为此付出一定的成本，因此一方会参照另一方的影响力而选择施加影响力的水平，当各方都无改变影响力的动机时，就达到了政治均衡。由于利益集团竞争谋求规制以转移其他集团的福利，所以如果规制造成的净福利损失越大，利益受损一方就有较大的动机推动能够增进福利的规制政策实施。该模型一定程度上支持了规制公共利益理论，出现市场失灵的产业造成的社会净福利损失越大，也更有可能被规制。

规制经济理论将"理性人"、供求关系、效用最大化、无差异曲线等经济学基本概念和分析方法应用到规制建模分析中，并且对政府规制的过程进一步展开了分析,使得对规制的认识更加深入,而且得到了一定的经验支持。然而,其基本假设不符合实际,另外对与信息不对称的问题也没有加以考虑,对一些现实问题解释力不强,甚至出现相反解释的情况。

4. 可竞争市场理论

随着市场机制的不断完善,以美国为首的发达国家发现规制并不能总是提高社会福利水平,也存在着规制失灵等问题。20 世纪 80 年代初,鲍莫尔首次提出可竞争市场理论的概念,随后他又与潘扎尔(Panzer)和威利(Willig)于 1982 年出版了著作《可竞争市场与产业结构理论》,系统性地阐述了可竞争市场理论,逐渐确立了可竞争市场理论在规制经济学中的地位。可竞争市场理论认为即便是自然垄断行业,只要沉没成本为零,潜在的进入者对市场的进入威胁会迫使在位垄断厂商进行低利润甚至零利润的竞争性定价,尽可能降低成本,而无须政府进行规制,最终市场资源配置也是有效的。

该理论依赖于三个前提假设:潜在进入厂商与在位厂商相比不存在技术、质量和成本等方面的劣势,行业进入完全自由;进入厂商不存在沉没成本,行业进退自由,可以实行"打了就跑"(hit and run)策略;潜在进入厂商拥有根据在位厂商的价格水平判断进入市场盈利状况的能力。可竞争市场理论的发展对于政府制定的规制政策产生了较强的导向作用。根据该理论,只要市场是可竞争的,在位企业就会受到潜在进入者的进入威胁,从而使得资源配置最优,达到完全竞争市场中的帕累托最优状态的情形。因此,该理论的政策含义是:政府的最佳政策选择并不是制定规制政策以消除市场中出现的资源配置低效的情况,而是降低不同行业的进入和退出壁垒,创造一种可以充分竞争的市场环境。

5. 激励性规制理论(Theory of Incentive Regulation)

20 世纪 90 年代末,西方国家兴起了运用博弈论和信息经济学的基本方法分析如何给予受规制的厂商以恰当的激励,使其做出有利于增加社会整体福利的行为,即激励性规制理论。该理论融合了公共经济学与产业组织理论的基本思想，用"委托-代理"模型来解释政府规制，认为问题的关键在于能否设计出一套激励规制合同或机制，既能使厂商（被规制者）充分受到机制的调动，又能有效地抑制其利用信息优势谋取不正当利益。激励性规制理论在实际中的主要应用包括：特许权投标规制、区域间标尺竞争规制、社会契约规制等。

第一，特许权投标规制（Franchise Bidding）。该理论最初由德姆塞茨（Demsetz）于1968年提出，后经波斯纳的发展变得更具可操作性。它指在诸如公共服务的自然垄断行业，通过竞标的方式引入竞争，将该行业中的特许经营权在某一时期内独家转让给价廉质精的企业，待到期后再进行下一轮的招投标。其优点是充分调动了参与厂商向政府披露成本信息的动机，关键点在于投标阶段要充分竞争，避免厂商之间的合谋以及寻租；其不足是由于资产的专用性可能造成资源浪费，也可能受技术和需求的不确定性影响导致逆向选择和道德风险问题。

第二，区域间标尺竞争规制（Yardstick Competition）。该理论由施莱弗（Shleifer）于1985年提出，指政府将自然垄断产业中的全国性垄断企业分为若干个区域性企业，以其他区域（技术、产品或服务）相似企业的经营绩效来约束当地企业，建立不同地区企业的竞争机制，促进当地企业提高生产效率、降低生产成本、改善服务质量、增进社会福利的规制模式。

第三，社会契约规制（Social Contract）。该理论指政府与被规制的厂商通过签订合同的形式，确定厂商提供产品或服务的价格、成本、质量等指标，并视厂商对合同约定条款的执行完成情况给予相应的奖励或处罚，以激发厂商提高生产效率、降低生产运营成本、提升产品和服务质量，进而增进社会福利，最终实现政府的规制目标。

二、价格规制

一般而言，政府规制主要有两种：社会性规制和经济性规制。社会性规制由政府对市场干预过程所体现的社会性效果来定义,主要对健康、安全与环境方面问题进行规制(Health,Safety and Environmental Regulation),规制手段主要包括法律手段、行政手段和社会监督手段等;经济性规制是指为了加强优化资源配置效率以及提高社会福利水平,政府凭借其在经济中的特殊地位,运用公共权力对企业的进入和退出、价格的决定等行为加以规制(植草益,1992)。

经济性规制方式主要包括两种:进入规制以及价格规制。进入规制主要存在于自然垄断特征较强的行业中。价格规制是指在不完全竞争市场中,通过规制价格达到促进资源有效配置的目的,从而实现社会福利水平的改善。主要的价格规制方式可以概括为两个方面:价格水平规制以及价格结构规制。

(一) 价格水平规制

价格水平规制是指对提供单一产品或服务的厂商,每单位产品或服务的价格进行规制。价格水平规制的核心在于如何确定行业的合理价格。现实经济活动中被规制的厂商往往通过垂直一体化的方式提供多种产品和服务,其价格水平多为这些产品或服务的综合成本和报酬。价格水平规制主要包括边际成本定价、平均成本定价、投资回报率规制和价格上限规制等。

1. 边际成本定价

在存在垄断的情形下往往导致社会福利的损失。为提高社会福利水平,增进经济效率,政府必须采取措施对垄断进行规制。在此我们主要讨论价格规制。图 2-1 反映的是垄断企业的平均成本曲线具有向右上方倾斜的特征。如果不对垄断企业进行规制,企业将会按照利润最大化的原则决定产品的数量和价格。此时,市场的均衡在 A 点达到,产量为 Q_m,价格为 P_m,垄断厂商除了获得正常利润之外还获得了超额利润。在这种情况下,社会收入分配不公平,整体社会福利未达到最大化,存在帕累托改进的余地。

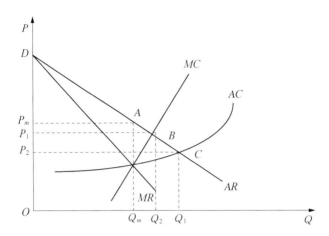

图 2 - 1 对成本递增垄断行业的价格规制

资料来源：高鸿业(2007)。

现在考虑政府对垄断企业进行价格规制的情形,如果政府的目标是增进社会福利,实现资源配置最优。那么,价格应该定在 P_2 的水平上,因为在该价格水平上,价格等于边际成本,实现了帕累托最优。

2. 平均成本定价

图 2 - 2 反映的是垄断企业的平均成本曲线具有向右下方倾斜的特征,即平均成本随着产量的增加而下降。如果不对垄断企业进行规制,企业将会按照利润最大化的原则决定生产的产量和价格,即边际收益等于边际成本,企业在获得正常利润的同时还会获取超额利润。在这种情况下,市场的均衡在 A 点达到,产量为 Q_m,价格为 P_m。此时,整个经济体系存在一定程度的扭曲,存在帕累托改进的余地。

现在考虑政府对垄断企业进行价格规制的情形,与边际成本定价类似,如果政府的目标是增进社会福利,实现资源配置最优。那么,政府将会把价格设定在 P_2 上,但是该价格低于平均成本,厂商将会由于不能获取正常利润而退出行业。因此,为了保证企业的正常运营,政府应该对企业进行合理补贴以弥补其生产成本。采用平均成本定价存在的问题:一是自然垄断行

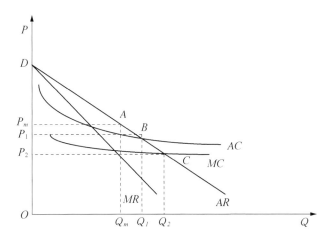

图 2 - 2 对成本递减垄断行业的价格规制

资料来源：高鸿业(2007)。

业的固定成本往往较大，可变成本相对较小，并且其绝对数量往往较高，使得政府对企业的补贴数额庞大，给政府财政造成负担；二是平均成本定价需要政府对企业的信息较为了解，否则达不到规制的目标；三是采用平均成本定价需要政府向企业进行补贴，数量较高的补贴往往为企业提供了寻租的动机，从而难以保证政府补贴的正确去向。

3. 投资回报率规制

投资回报率规制(Rate of Return)，其基本思想是依据社会平均或正常利润率并结合垄断厂商提供一定数量的产品或服务付出的成本，确定厂商受规制的正常利润率。实践中，通常由受规制的厂商向政府申请最高价格或利润率，政府经过一段时间的考察，根据影响价格因素的变化情况，对其申请进行一定的调整，最后确定厂商的投资回报率，作为其在一定时间窗口期内的定价依据。

只提供单一产品或服务的厂商，其受规制的投资回报率模型为：

$$R(pq) = C + S(RB)$$

如果厂商提供多种(n 种)产品或服务，则其受规制的投资回报率模型拓展为：

$$R\left(\sum p_i q_i\right) = C + S(RB)$$

以上两式中 R 为由产品或服务价格及对应数量所决定的厂商的收入函数；C 为包含燃料、工资、税收和折旧等的总成本函数；S 为政府限定的投资回报率；RB 为厂商的资本投资总额，也即投资回报基数（RateBase）。

当厂商只提供一种产品或服务时，受政府规制的市场价格水平为 $P = R/Q$；当厂商提供多种产品或服务时，对具体某种产品或服务的价格的规制需要通过价格结构来施加约束。通常厂商的成本容易估算，政府对厂商实施投资回报率规制的难点在于确定投资回报率 S 和投资回报基数 RB。对于投资回报率 S，一般由政府和被规制的厂商通过"讨价还价"博弈过程来确定。而对于投资回报基数 RB，美国主要有原始成本法、重置成本法和公平价值法三种，其中原始成本法由于计算简单受到大多数机构支持。然而，其缺陷在于容易受通货膨胀因素的影响。该规则由于限制了企业的投资收益率，使企业丧失通过提高生产率来增加利润的动机，同时刺激企业为了增加投资回报基数而增加投资，容易造成低效率投资（A-J效应）。

4. 价格上限规制

英国在价格上限规制实践中采用的是由斯蒂芬·李特查尔德提出的 RPI-X 模型，RPI 代表零售价格指数（Retail Price Index），即通胀率，而 X 表示由政府确定的一定时期内厂商的生产率的增长率。设厂商本期价格为 P_t，下期价格为 P_{t+1}，则按照 RPI-X 模型有：

$$P_{t+1} = P_t(1 + \text{RPI} - \text{X})$$

该模型既适用于对单一产品或服务的价格水平进行规制，也适合对多产品或服务的综合价格水平施加规制。其优点在于在一定时期内政府控制行业产品价格的上涨幅度，不直接对企业利润水平施加限制，使得厂商依然有动力去提高生产率，以降低生产成本获取更大利润；同时，由于限定了各种产品的涨价幅度,使得厂商积极寻求要素最优化组合的途径,而不至于过度投资于某一行业而导致效率低下。此外,价格上限规制可操作性强,不需要详细评估企业资产、技术以及生产经营等多方面的情况;价格调整以 3—5 年为一周期,能够在对企业形成有效激励同时降低规制成本;规制只针对综合价格水平而不针对具体的价格结构。价格上限规制较好地同时实现了规制的多重目标,然而实践效果则取决于模型当中各个参数因子的确定是否合理。

（二）价格结构规制

规制者根据社会福利最大化的目标,综合考虑企业生产成本以及消费者福利,针对同种商品或服务制定不同的市场价格。价格结构规制的目标是监督厂商合理地把生产供应过程中产生的共同成本分配到各产品或服务上,并由不同消费群体负担,使得厂商的成本结构与需求结构相匹配。成本结构主要指固定成本和可变成本等不同构成部分的比率。需求结构指对产品或服务由拥有不同需求特征消费者群体的消费需求构成,如:按照消费量分为大用户和小用户,按消费特征不同分为民用和工业使用,按使用的负荷情况分为峰值需求和非峰值需求。

1. 线性定价

线性定价可分为定额定价和同一从量定价。定额定价指无论消费量为多少,都按固定的标准收费的价格安排。定额定价虽然简单,但是会造成过度消费,产生浪费现象,比如某些地方对农村居民或学生的自来水供应。同一从量定价指无论消费数量的大小,都按相同单位价格收取费用的价格安排,消费者支付的消费金额数为消费量的正比例函数形式。由于不考虑消费数量的多少,统一按共同标准收费,因大用户消费数量较多,从而实际获得的商品单位成本较低,容易导致大用户补贴小用户,产生实质性的交叉补贴。

2. 二部制定价

二部制定价是指将定额定价和同一从量定价相结合的定价方式。在起始一定的消费量限额内,实行定额定价收费,而超过该限定的消费额度,超出部分按照同一从量定价的方式收费。设消费限额为 Q_0，限额内与消费无关的基本费用为 T，超过限额消费量为 $Q-Q_0$，对超过限额的消费征收的从量费为 $P(Q-Q_0)$，从而整体定价为 $M=T+P(Q-Q_0)$。 比如，早期的电话收费就是按照租金（基本费）＋使用时长（次数费）的方式定价。还有一种复合二部制收费，主要区别在于对基本费的确定，根据消费需求特点不同（数量或质量）实行有差别的基本费和从量定价费。二部制定价是一种非线性定价形式，既可以按边际成本定价回收可变成本，又可以通过基本费用来补偿和回收固定成本。从资源配置效率和社会福利角度出发，二部制定价虽然次于按边际成本定价，但是要优于平均成本定价。

3. 差别定价

差别定价，又称价格歧视（Price Discrimination），指垄断厂商以不同的单价向不同的消费群体提供同一产品或服务。根据获利程度的不同，价格歧视又可分为三种。一是一级价格歧视。垄断厂商完全了解每个消费者的需求函数，了解消费者对不同数量产品的最高支付意愿，每单位产品的定价等于该消费量上单位产品的最高意愿支付，从而厂商完全占有了消费者剩余，生产者剩余达到最大化。二是二级价格歧视。垄断厂商根据消费者不同的消费量而归入的消费数量组，分组进行定价，如向消费者提供各种额度的折扣优惠，从而使得垄断厂商的利润最大化。三是三级价格歧视。垄断厂商以不同的价格向不同市场上的消费群体（主要的区分特征是需求价格弹性不一样）提供同一产品或服务，各个市场按消费者需求价格弹性的差异进行定价，并且市场之间不存在套利空间，不存在不同市场上的套利行为。相比较而言，一级价格歧视消费者福利损失最大，消费者剩余完全被垄断厂商攫取，而在二级价格歧视和三级价格歧视条件下，垄断厂商只是获取了部分的消费者剩余。

4. 高峰负荷定价

根据高峰和非高峰的需求分布特点而制定出不同的价格水平规定，称为高峰负荷定价。该定价方式充分考虑了在不同负荷率情况下边际成本存在差异，从而按照不同边际成本确定对应产品或服务的价格。该定价方式主要出现在诸如电力、电话和网络通信、燃气等消费量变化较大的领域。

不同垄断厂商面对高峰需求与非高峰需求差异不同，而非高峰期的闲置率正好与这种差异成正比，较好反映了这种差异。由此出发，负荷率成为衡量垄断厂商对固定资产充分使用程度的一个重要指标，该值越高说明使用得越充分，那么平均生产成本就越低。对垄断厂商的规制，需要考虑到如何激励其充分使用固定资产，提高负荷率。那么，较为简单的一种方法就是允许厂商进行高峰和低谷分别定价，且高峰价格较低谷高出一定水平，从而将部分高峰需求转移到低谷，平抑两个时期消费的差异，提高负荷率，进而提高厂商固定资产的使用率，减少固定资产上的过度投资，促进资源的优化配置。

5. 拉姆齐定价

针对生产多种产品的企业，部分产品的生产会占用共同的设备以及要素。确定存在共同成本的不同产品市场价格的定价方式称为拉姆齐定价（Ramsey Pricing）。对于生产多种产品的自然垄断企业来说，拉姆齐定价为规制者提供了定价思路，它使得企业生产的各种产品的价格等于综合价格，达到平均成本定价的效果。拉姆齐定价原理如下：

设不同需求弹性的消费者群体相互独立，其相互独立的反需求函数为 $P_i = P(Q_i)$，总供给量为 Q，共同设备的固定成本为 F，单位可变成本（边际成本）为 C，对应的最优化问题为在收支平衡的约束条件下实现社会福利最大化，即

$$max: TW = \sum \int P_i dQ_i - C \sum Q_i - F$$

$$s.t. \sum P_i Q_i - (F + C \sum Q_i) = 0$$

采用拉格朗日乘数法来求解该最优化问题，解得：

$$P_i = (1+\lambda)C \Big/ \left(1 - \lambda\left(1 - \frac{1}{\varepsilon_i}\right)\right) = C \Big/ \left(1 - \frac{R}{\varepsilon_i}\right)$$

拉姆齐定价体现了在维持收支平衡的前提下社会经济福利最大化的规制理念。从定价的理念和过程而言,其与平均成本定价法几乎完全相同,可看作是一种更为精细的平均成本定价方式,不同之处在于细分了消费者群体需求价格弹性的差异,在成本分摊上兼顾不同消费者的需求弹性。拉姆齐定价法在实践中面临的主要问题在于其对各种数据的需求,需要关于共同设备的边际成本数据以及各种不同消费者群体的需求价格弹性,然而这些数据难以获取,且准确性不高。因此,相比于平均成本定价、价格上限定价等价格规制方式,拉姆齐定价存在较大局限性。

第二节　天然气价格规制的研究进展

王俊豪(2004)认为在天然气产业中,仅天然气管道网络业务属于自然垄断性业务,天然气的生产、储存以及销售等均属于(潜在)竞争性业务。因此,对天然气产业进行管理并不必然意味着需要政府规制。国内外学者针对不同国家天然气产业规制改革的实践经验进行了相关理论研究,进而对相关的规制改革政策做出了评价。

一、对国外天然气产业规制改革的研究

天然气产业具有明显的规模经济性,因而 20 世纪 80 年代之前世界各国的天然气产业均表现出明显的自然垄断特征。1978 年,美国通过了《天然气政策法案》(NGPA),分阶段取消对天然气井口价格的规制,开启了天然气产业放松规制的进程。在培育天然气产业各个层面上的竞争方面迈出

了一系列重要的步伐,如解除天然气输送和销售环节业务的捆绑、推动第三方公开准入服务。1989 年,美国国会通过《天然气井口价格解除规制法》,要求取消全部天然气井口价格规制。1992 年,FERC 发布 636 号法令,取消了州与州之间的天然气输送规制,由此基本完成天然气产业市场化改革。与此同时,加拿大也对天然气产业进行了市场化改革。美国、加拿大的一系列天然气产业规制改革政策,使得北美天然气市场的竞争程度明显增强。随后,欧盟也对天然气产业进行了市场化改革。目标在于形成欧盟内部统一的天然气市场,提高天然气资源在不同国家的流动性,促进欧盟成员国对天然气的有效利用。但是欧盟内部天然气市场自由化进程相对缓慢。英国紧随北美于 20 世纪 80 年代末开始启动对天然气产业的规制改革,先后解除了井口价格规制、将管道输送与销售业务进行捆绑、管道输送第三方进入规制以及零售市场规制,成为欧洲较早实现天然气产业市场化改革的国家。德国、西班牙和荷兰等国也纷纷跟随英国进行天然气产业市场化改革,其变革进程一直延续至今。

（一）天然气放松规制改革效果研究

一些学者就欧美发达国家针对天然气的规制改革政策的效果展开了研究。Sickles and Streitwieser(1992)、Gorak and Ray(1995)对美国天然气产业放松管制的研究表明,对天然气产业放松管制,提高了经济效率。Radetzki(1999)、Percebois (1999)研究了欧洲天然气市场如何放松管制。Hawdon and Stevens(2001)、Uchelen and Roggenkamp(2004)、Cetin 等(2007)则分别针对英国、挪威、土耳其的天然气市场改革进行了研究。Barb(2017)运用传导机制模型对规制进行研究,发现公用事业厂商销售给家庭用户的天然气价格要低于大宗商品销售商。因此,与市场化程度较强的大宗商品销售商相比,公用事业厂商的天然气销售价格仍然受到政府规制。

俄罗斯拥有丰富的天然气资源,且俄罗斯国内的天然气产业垄断程度较强,一些学者对俄罗斯天然气产业放松规制的后果也进行了相关研究。

Tarr and Thomson(2004)、Locatelli(2003)的研究均发现在俄罗斯天然气市场引入市场竞争机制有利于提高经济效率且能改善环境质量,但是也会对利益相关者造成负面影响。Grigoryev(2007)不支持俄罗斯天然气市场化改革,他认为俄罗斯对天然气产业放松规制,对于国内消费者的负面影响较大,而更应该确保投资者得到合理的投资回报率,确保天然气供应企业的生产积极性。此外,Tsygankova(2010)、Aune et al.(2015)的研究则表明,俄罗斯天然气市场化改革不仅与本国天然气市场有关,还与其出口到欧洲的天然气市场有关,俄罗斯若实行天然气市场化改革,俄罗斯的福利将下降,而欧洲的福利将上升。

（二）天然气市场一体化程度研究

一些学者就天然气市场化改革后,天然气市场是否形成了一体化的市场开展了诸多研究。De Vany and Walls(1993)、Walls(1994)、King and Cuc(1996)、Serletis(1997)对美国天然气市场的研究表明,美国天然气市场的价格具有一定程度的协整性,天然气市场表现出一定程度的一体化。Cuddington and Wang(2006)对美国天然气市场的研究发现,尽管美国东部和中部地区形成了一个高度一体化的天然气市场,但是与西部天然气市场表现出明显的差异性。

上述研究主要集中于天然气期货市场,而天然气产业规制改革是否促进了天然气实体市场的一体化呢? Arano(2008)、Arano and Velikova(2009,2010)、Olsen et al.(2015)对美国天然气市场的研究均表明,美国天然气市场表现出市场一体化。根据 Brown and Yucel(2008)对天然气终端用户对天然气消费行为的差异,Mohammadi(2011)研究发现美国天然气价格短期内主要是由供求决定,但是天然气价格仍受其他因素变化的影响,因而美国的天然气市场在一定程度上是一体化的,并不是完全的一体化。Apergisa et al.(2015)使用从 1989 年 1 月—2012 年 12 月的美国州一级的城市门站和居民零售天然气价格的月度数据,检验了这两者之间的协整关系,并对这两个价格序列进行了 Harris 过程单位根检验以识别与 FERC636 号法令相关的放松规制带来的结构突变。结果表明,两者具有协整关系,对结构突变前后长期关系的估计,表明天然气市场化改革使得天然气市场一体化程度加深。Scarcioffolo and Etienne(2018)运用美国 7 个天然气现货市场(包括一个美加边境的加拿大现货市场)的数据,分析发现无论是短期还是长期美国地区天然气市场表现出了一体化,构建的关联度价格指数在样本期间(1994—2016 年)介于 55%—85%,并以此评估了放松规制以来美国天然气市场一体化的动态变化过程。

随着北美国家对天然气产业规制改革的成功,欧盟国家也逐渐开始对欧盟内部的天然气产业进行规制改革,学者也对欧盟天然气产业的规制改革是否形成了一体化的天然气市场进行了研究。根据欧盟天然气产业规制改革政策是否推行,对欧盟天然气产业规制改革的研究可分为两个阶段。第一阶段为 1998 年之前,此阶段欧盟尚未开始对天然气行业进行改革。学者主要是对单个欧盟国家进行研究。Asche 等(2001)、Asche 等(2002)分别检验了法国、德国天然气进口市场的一体化程度。第二阶段为 1998 年至今,该阶段欧盟先后出台了三项关于天然气的改革指令。随着欧盟成员国关于天然气行业改革的政策逐步执行,学者开始对欧盟多国天然气市场一体化进行研究。Neumann 等(2006)采用时变卡尔曼滤波方法检验了欧洲主要的天然气期货贸易中心的价格是否趋向一致,研究发现在英国和比利时之间有完美的趋同现象。Robinson(2007)运用年度数据分析欧洲 6 国(芬兰、法国、爱尔兰、荷兰、西班牙、英国)的天然气市场一体化程度。结果发现在 1978—2003 年,大部分的欧盟成员国的价格是趋同的。然而,也有学者认为,欧洲天然气市场并未一体化。李镔(2011)、Renou-Maissant(2012)的研究均表明欧洲仅有部分国家的天然气价格是趋同的,仍然存在不少国家天然气价格差异明显,因而欧盟天然气市场一体化程度仍然不高。

二、国内天然气产业放松规制的研究

中国天然气价格形成机制受到政府规制。关于中国天然气价格规制的研究内容主要包括以下 5 个方面。

（一）天然气价格水平的国际比较

部分学者研究了中国天然气价格与国外天然气价格水平的比较。张抗（2004）通过比较 1977 年美国与上海地区的天然气价格水平后，认为我国天然气价格水平存在的主要问题是天然气价格水平较高并且天然气价格结构有失合理性，在消费结构方面也存在问题。此后，一些学者陆续展开探索其他比较尺度，并分析造成这些尺度价格差异的原因。武盈盈（2008）比较了我国与世界各国的天然气价格水平，并以热值为标准与可替代能源进行了价格水平的比较，发现我国天然气价格水平存在着出厂价格和住宅用气价格偏低、工业用气价格偏高的特点，并认为价格扭曲会引起天然气需求的急剧扩张和供给短缺，需要结合实际情况对目前的定价方法做出调整。张炎涛和唐齐鸣（2011）对我国煤、石油和天然气的价格水平分别从物理性稀缺和经济性稀缺两个角度展开了国别比较分析，发现煤炭价格相对偏低，天然气价格相对偏高，只有石油价格基本持平。鉴于我国一次能源消费中煤炭消费占据主导地位，因此建议适当提高煤炭价格，同时降低天然气价格，从综合平衡物理性稀缺和经济性稀缺来引导能源生产和消费，注重能源生产和消费的经济性与可持续。张爱国等（2011）对中美天然气的现行价格水平进行了计算和比较，发现经过 2010 年价格调整后，我国的天然气价格比美国要高出 30%，并从资源供给、市场培育和发展、周边市场的发展等多个角度对这种差异进行了解释。殷建平和冀录娜（2016）通过对美国、英国、德国和日本 4 国的天然气价格形成机制进行梳理、比较和分析，发现各个国家的天然气市场化和规制特点、开采技术和管网设施、资源禀赋都会对价格形成机制产生影响，成为国际天然气价格水平差异的主要原因。

（二）天然气定价讨论

在天然气定价方面,国内学者进行了丰富的定性研究。张微晴等(2005)以公共价格理论为基础,总结了天然气价格的构成,从天然气行业的各个角度分析了我国的天然气定价体制。杜晓梅、廖特明和张淑英(2005)分析了我国天然气定价中的新项目定价机制和老项目定价机制,以及这两套机制共同使用而存在的一些问题。曹琛(2007)认为市场化和社会化是天然气定价机制的发展方向,按上、中、下游三个环节上定价机制存在的问题进行分析,并在合理借鉴国外经验的基础上对各环节定价机制的改革与发展提出可操作性的建议。汪锋和刘辛(2014)分析了在不同价格形成机制下天然气供应商的最优决策及对应的市场结构。彭莹等(2015)建立了关于天然气市场的局部均衡模型,以上海市为例分析了均衡价格与社会福利水平的相互作用关系。毛家义(2015)通过回顾我国天然气价格形成机制的历史演变过程,在分析各个阶段价格变化特点和形成特征的基础上,总结出我国天然气定价的经验和原则,即过去天然气价格采取政府定价的主要形式进行管理,各种矛盾因素触发了天然气价格的变化,天然气价格水平总体提高是天然气作为商品本身价值规律的体现,未来天然气资源的配置应由市场起决定性作用,天然气价格改革中政府和企业各自必须坚守的法治底线是依法行政、依法经营。姜子昂等(2016)通过对前人关于天然气价格改革研究和管理实践经验的文献进行回顾、梳理和整合,提出天然气价格理论体系的设计思路和理论架构。

（三）天然气价格改革研究

国内许多学者就中国天然气价格改革进展进行了研究。罗良忠(2008)认为对天然气价格进行规制需要按照一系列合理的原则和方法。罗伟中、涂惠丽和张智勇等(2012)认为我国天然气定价机制在 2011 年改革试点以前基本以行政指令为主的静态管理,而改革试点也并不能完全反映出各地天然气供需状况和季节性消费的特点。因此,中国天然气市场在相当长的一段时期内将会由若干通过天然气管网连接起来的若干区域性市场构成的松散的联合体。我国天然气价格的形成需要逐步由区域性的现货市场交易、动态调整的市场价格决定的基础之上,再走向全国性的市场定价,在此过程中要建设好现货市场,同时充分发挥天然气衍生品市场的预期管理作用。李莉、郭焦锋和李维明(2015)认为在探索试行市场净回值法推动天然气价格市场化改革中,存在定价水平过高、调价政策和价格体系不完善等问题。刘力昌和李宏亮(2015)回顾全球天然气的发展历程,总结了相关经验,认为天然气定价机制改革在定价方向上应坚定市场化,在结合实际上要注重与当前的发展阶段相适应和循序渐进,在内容上建立市场化的竞争环境和市场化的定价机制,其对应的具体措施为,通过引入多元化竞争来打破垄断,完善相关法律法规体系,输气管网的独立和"第三方准入",真正落实价格动态调整,等等。胡奥林和董清(2015)在分析近年来中国天然气价格改革成果、天然气价格现状和存在问题的基础上,结合天然气价格市场化改革的国际经验和我国天然气产业的实际情况,提出了实现我国天然气价格市场化改革近期目标的相关建议:理顺民用气与非民用气的价格关系;完善现行的天然气价格形成机制和价格体系,实现天然气差别定价,推动天然气按能量计量和计价;加强天然气现货市场的建设;建立管输费和储气费形成机制。上述研究多是基于理论分析,着重实证研究方面。王婷等(2012)、汪锋等(2014)分别采用可计算一般均衡模型、数理经济学模型研究了中国天然气价格改革问题。

(四)天然气价格改革的国际经验

武盈盈和侯风云(2008)通过分析巴西效法欧美国家对天然气行业进行放松规制的市场化改革,却没有实现天然气行业由传统垄断结构转变成为竞争性市场结构这一实践不成功案例,发现自然垄断行业进行放松规制的市场化转变会受到市场需求规模、资源的储备及相关基础设施建设的制约,对天然气行业而言,需要同时做到上下游价格规制放松、垂直一体化业务的拆分和对管道输送环节的规制。岳小文和吴浩筠(2009)回顾了俄罗斯国内天然气价格市场化改革的主要措施和进程,即开放电子交易平台,允许少量的自由贸易,设定价格范围,允许新增供应的价格浮动,制定新的天然气价格公式,实施国内与国外销售同等收益的原则,发现改革的结果使得俄罗斯国内天然气价格不断上涨,增加了中国和俄罗斯的天然气价格谈判难度。周建双和王建良(2010)系统梳理和总结了美国、欧洲和亚太三种典型的天然气定价与监管模式,发现合适的价格水平和完备的定价机制对天然气上游勘探开发、中游管道建设、下游市场供需平衡起着关键的促进和调节作用。作为天然气主要消费区域的北美、欧洲和亚太地区经过几十年的发展,已经形成了带有区域市场特征的几种较为成功的定价和监管模式,为我国进一步改革和完善天然气定价机制提供参考。彭文艳和张媛媛(2011)分析了以进口 LNG 为主的日本东京燃气公司通过燃气价格调整机制成功疏导了成本上升压力的经验,认为值得我国天然气价格改革借鉴,即增加调价机制透明度、价格动态调整反映市场供求变化、充分考虑居民的承受能力。刘满平(2012)在回顾北美、欧洲大陆和日韩及俄罗斯等经济体天然气市场的发展过程和管道输送发展的规律特点,总结出天然气价格随着管道输送网络的建立和发展必然要经历垄断阶段,然而最终还是要走向市场化,不同的定价方式与发展阶段密切相关,不能一蹴而就。张前荣(2016)总结了美国、英国和日本在天然气价格改革中的成功经验,其中:美国以生产、运输和销售完全相分离促进批发和零售市场的竞争,最终导致了天然气完全市场化的定价;英国以私有化实现管道输送和销售完全分离和独立,促进生产和销售两端市场完全竞争,而运输环节实行政府最高限价定价法规制;日本由天然气用户和供应商共同协商定价,而对生活用天然气实行严格的价格规制。赵军和潘月星(2016)总结了欧盟在天然气市场化改革的主要经验,即专门的法律,独立的监管机构,开放的上游、第三方无歧视准入的中游、健全规范的下游是推动欧盟国家天然气行业市场化改革的重要力量。

（五）对天然气产业的规制研究

我国天然气产业的垄断程度较强。许多学者从天然气产业规制改革的角度进行了研究。许月潮（2007）认为我国天然气已进入大发展期，因此需要逐渐放松规制，可以结合市场结构、准入条件、价格和服务质量等多方面入手，宜放松规制和用法律间接规制改革方向。李汉卫（2009）指出应该从全局视角来看待我国天然气产业规制的改革问题，从立法和规制机构，从生产、输配和零售等各个业务环节综合考虑，指出：从1992年国家撤销能源部以后我国一直没有一个独立专业的中央政府职能部门负责能源政策和管理事务，政府和规制机构容易被企业所"俘虏"，在生产环节的规制上要逐渐放松扩大市场准入，打破垄断增强市场的竞争性，对管道运输环节采取公有化和合理化强规制，在终端零售环节吸收北美经验，鼓励配售分离、鼓励区域间竞争，关于天然气立法以及规制机构的改革都需要结合实际情况增强专业性、独立性和服务能力。赵映川（2012）认为随着我国社会主义市场经济建设的不断推进，天然气产业亟待与社会主义市场经济发展相适应，存在着缺乏公平竞争的市场环境、政府部门职能不清、欠缺相关法律、天然气价格水平及结构不合理等弊端，需要制定统一透明的法律体系，建立相对独立的天然气产业规制机制，区分自然垄断性业务和非自然垄断性业务，实行区别对待的规制政策，进一步推进天然气定价机制的改革。刘苏（2013）梳理了当前我国天然气产业规制中存在着经济性规制过度、规制制定者与执行者未分开、天然气定价过高以及缺乏专业性法律法规等实际问题，以规制经济学和自然垄断理论为依据，并参考欧美等国天然气放松规制进而成功实现市场化改革的经验，提出了放松经济性规制、加强社会性规制、完善行政性规制，构建具有中国特色的天然气产业规制体系的中国天然气规制改革路线图。武盈盈（2014）从产业组织理论的视角分析了欧美等国放松规制的市场化改革实践，指出了我国天然气放松规制的市场化改革，必须通过体制机制变革引入竞争以打破市场垄断格局，培育和发展好市场力量，循序渐进地展开,即先要对上游生产、中游管道输送环节以及矿权制度进行改革,建立公平市场准入机制,制定相关的法律法规体系,再通过放松规制引入多元化市场主体,以竞争来激发市场活力,从而推动实施放松价格规制。

三、国内外研究评价

国外发达国家如美国、加拿大、英国等均对天然气产业进行了一系列规制改革。美国从 20 世纪 70 年代末起,首先放开井口价格规制,最后完全取消价格规制,积极推进输售分离以及第三方公开准入服务,使得天然气价格先上升后下降,降低了社会的用能成本,增加了天然气的流动性,改善了社会资源的配置效率。英国紧随美国和加拿大开启对天然气产业放松规制的市场化改革,成为欧洲内最早开始市场化改革并取得显著成效的国家。学者对于发达国家天然气产业规制改革的进程以及效果进行了较为广泛的研究,认为北美以及欧洲国家天然气产业的市场化程度增强,天然气产业市场化改革取得了较好的效果。

对于中国天然气市场化改革的研究多为定性研究,大多数研究并不深入,仅仅局限于天然气的价格水平、价格形成机制、天然气价格改革、天然气产业规制改革以及国外发达国家改革天然气产业的经验性分析及定性分析。关于天然气价格水平的国际比较方面,探究了造成天然气价格水平国际差异的原因,除了资源禀赋和生产技术以外,价格形成机制和市场化程度都起到了非常大的作用。对于定价讨论方面主要按生产、输送和销售三个环节分别讨论了不同环节的市场特点、现存定价的问题,以及需要做出的调整和改革。对价格改革方面研究着重于从影响价格改革的法律、行政以及产业三个视角展开,主流的观点是研究和推动符合实际情况的价格规制方式,以价格规制改革为契机和主要抓手,来推动整个天然气行业的规制变革,以实现天然气的市场化定价。学者归纳总结了发达国家天然气市场化改革的成功经验。需要充分意识到我国在天然气资源禀赋上的不足,市场环境以及行政和法律上的差异性,积极借鉴发达国家的有益经验,创造性地构建既符合国情又能推动天然气价格市场化的框架性的规制模式,兼顾经济效益和社会效益。具体的改革路径,应先完成基本法律法规和基础性的制度建设,然后推动垄断厂商纵向一体化业务拆分,管道输送环节独立并专门加以规制,对上下游加强基本服务质量要求,同时完善公平市场准入许可,鼓励上下游充分竞争;在价格形成机制方面,充分考虑我国天然气资源的储量、产量和消费利用的现状,规范引导消费分流,建立、健全天然气储备制度,积极推动天然气交易市场的建设。

由上可知,关于中国天然气价格规制的实证研究文献较为稀缺,难以给政府提供比较直观的规制政策改革依据。本书立足于此,通过构建符合中国实际国情的可计算一般均衡模型,模拟了天然气价格规制政策变动对我国经济体系以及环境(主要是大气污染物)的影响,以期对天然气价格规制政策进行评价,为政府制定价格改革政策提供可资借鉴的依据。

第三节　CGE 模型文献回顾

一、CGE 模型在能源-经济-环境领域中的应用

CGE 模型在对问题的系统性分析方面存在显著优势,能够将经济、能源以及环境等多个领域的问题放在同一模型体系中进行综合考察,从而能够全面评价政策变动对各个领域的影响,因而 CGE 模型在能源-经济-环境系统研究中被大量应用,如对能源效率(Grepperud,2004;Allan,2007;Hanley,2009;查冬兰等,2010,2013;李元龙等,2011)的研究。除了对能源效率的政策影响之外,CGE 模型在能源-经济-环境领域中的研究还涉及对生态环境(大气污染、贸易与环境等)规制政策,例如环境税、生态补偿等。

针对能源-经济-环境建立 CGE 模型并且在生态环境规制政策的模拟研究主要包括以下几个方面。

（一）二氧化碳减排研究

针对二氧化碳减排的研究文献主要集中于三个方面：碳税、碳关税、碳交易。

1. 碳税

碳税是针对二氧化碳的排放所征收的税种，其依据是消费者在使用含碳能源时产生了外部影响，有必要支付一定的费用以消除含碳能源使用的外部不经济现象。国外学者对碳税的研究较早，基于不同国家（包括中国、土耳其、挪威、爱尔兰、俄罗斯、澳大利亚、加拿大、印度尼西亚、日本）的国情建立了不同的 CGE 模型对征收碳税问题进行模拟研究（Garbaccio 等，1999；Kumbaroğlu，2003；Bruvoll，2004；Wissema，2007；Siriwardana 等，2013；Dissou，2013；Miyata 等，2013；Abe 等，2013；Orecchia 等，2013）。

我国一些学者通过静态 CGE 模型对我国的碳税问题做了模拟政策研究。早期利用 CGE 模型开展碳税研究的有：郑玉歆等（1999）、贺菊煌等（2002）、魏涛远等（2002）。随着研究的推进，学者对碳税的研究角度趋于多元。何建武等（2010）运用多区域 CGE 模型的研究表明，征收碳税对地区福利造成差异化影响。姚昕等（2010）、樊星等（2011）分别从最优碳税以及综合能源政策的视角研究了碳税产生的影响。周晟吕等（2012）综合考虑碳排放强度下降的目标以及非化石能源的发展目标，把碳税政策与非化石能源发展相结合，分析碳税收入对于发展非化石能源的作用及其对实现减排目标的贡献。胡宗义等（2011）则运用动态 CGE 模型研究了碳税问题。王锋等（2017）构建了包含经济、能源与二氧化碳排放 9 部门的 CGE 模型模拟分析了碳税政策、不同碳税返还方式等对江苏宏观经济与碳排放的影响，发现：征收碳税将导致江苏实际 GDP、社会福利下降，而名义 GDP、居民收入、企业收入、政府收入上升；征收碳税将使得煤炭、石油和天然气等化石能源的消费量减少,而电力生产供应和消费增加;征收碳税明显降低了二氧化碳排放,排放强度随着碳税数额增加而下降;碳税抑制了高耗能行业发展,第三产业比重提高,产业结构优化;碳税返还给居民可以改善征收碳税的负面影响,弥补开征碳税造成的社会福利损失。张晓娣(2018)基于跨期CGE模型情景模拟预测了对企业和居民征收差异化碳税的福利和就业影响,结果显示,差异化碳税的福利成本随减排目标及居民与企业间税负差异化率的上升而加速扩张,对企业减免碳税的福利损失高于给予居民碳税优惠。由于居民排放基数小,减排技术难度大,所以对生产部门免税相当于将减排重担转嫁给边际成本较高的居民,一方面导致居民税率激增,另一方面并未显著减轻企业税负,既降低了居民收入和消费,又难以推动产出规模提升,最终显示为负面的福利效应;但是通过控制差异化率上限,能够将其负面影响维持在稳定水平。

2. 碳交易

碳交易将二氧化碳排放权作为一种商品,建立市场交易机制,以市场配置碳排放的方式达到减少碳排放的目的。国外对于碳交易的研究比较早。碳交易与国际贸易紧密相关,许多学者关注欧盟碳交易市场(Lokhov等,2008;Abrell,2010;Vöhringer,2012;He等,2012)。Loisel(2009)对罗马尼亚进行了相关研究,在实行碳交易市场的假定前提下,测算了技术进步对碳排放以及经济增长的影响。Lanzi等(2013)运用区域CGE模型对限额交易框架进行了研究,着重分析资本的流动性对温室气体减排的影响,从减排部门向非减排部门潜在的碳泄漏以及对福利的影响。

国内对碳交易的相关研究起步较晚。刘宇等(2013)对广东和湖北单独开展碳交易的经济影响进行了研究,发现:碳交易有利于碳减排,但不利于经济增长。石敏俊等(2013)研究发现:与碳交易政策相比,碳税政策减排成本小但不能保证实现减排目标,为此应该采取碳税与碳排放交易相结合的复合政策。孙睿等(2014)运用CGE模型在不同条件下对不同的碳价水平进行了评价。汤维祺等(2016)采用区域间 CGE 模型(IRD‐CGE)研究了碳交易问题。瞿小松等(2017)利用动态 CGE 模型对《巴黎协定》所采用自主贡献方案下的全球温室气体减排效果进行分析。分析结果表明：碳交易市场规模越大,全球减排成本越低;如果能够建立全球统一的碳交易市场,自主贡献方案下 2030 年的全球减排成本仅占 GDP 的 0.15%,各国福利都将得以提升。

3. 碳关税

碳关税产生于欧洲,其目的在于希望欧盟国家针对未遵守《京都议定书》的国家课征商品进口税。部分学者认为开征碳关税对减少碳泄漏、促进经济增长具有积极意义(Gros,2009)。然而,更多的研究则表明碳关税并不能有效减少碳泄漏(Kuik 等,2010),对发展中国家的经济发展产生负面影响,其本质是一种贸易壁垒。Dong 等(2012)研究发现,征收碳关税后,碳关税对福利、贸易以及碳排放的影响较小,对中国将会产生负面影响,不利于中国的经济发展。Dong 等(2015)基于多区域多产品的可计算一般均衡模型,分析了气候变化政策对中国出口商的影响,发现出口碳税并不能有效减少中国的碳排放。

随着碳关税在国际上的讨论越来越多,国内学者也开始对碳关税进行了研究。国内学者普遍认为,征收碳关税将会对中国经济产生负面影响(朱永彬等,2010;沈可挺等,2010;鲍勤等,2010;李继峰等,2012;丛晓男等,2014;袁嫣,2013),从碳减排的角度而言不具合理性(林伯强等,2012)。碳关税的实行面临诸多限制,必须在实施的区域足够大时才能有明显的减少碳泄漏的作用(牛玉静等,2012)。近年来,关于碳关税的研究更加深入。徐斌等(2015)在传统可计算一般均衡模型的基础上,创新地引入能源出口国提取成本函数和能源技术型劳动力供给参数,探讨碳关税对中国高、低能耗商品生产及能源市场的影响。他们发现,当能源技术型劳动力变化参数在区间(0,1)之间时,能源技术型劳动力供给达到最优状态,对于抵制碳关税对中国能耗商品的影响所发挥的作用最大。碳关税的实施将会降低我国GDP的能源强度,使我国的生产能力受到抑制,致使能源消费成本提高,能源需求量大幅下降,能源消费结构变化。宋建新和崔连标(2015)采用多区域CGE模型,从不确定性视角出发,研究了发达国家碳关税征收对我国经济的影响。模拟结果表明,不确定性因素在碳关税影响评估中起着十分重要的作用,是造成当前研究结果不一致的主要原因。碳关税的行业覆盖范围和商品隐含碳核算方式选取对评估结果影响较大。若考虑发达国家国内减排措施,碳关税征收对我国经济的负面影响将会有所减小,甚至在一定情况下,某些指标出现方向性改变。汤铃、张亮和余乐安(2018)通过构建包含42个部门的动态递归CGE模型分析了不同税率情景下碳关税政策对我国出口商品结构、行业产出结构、能源结构以及碳排放的动态影响,即会改变我国出口商品结构,从而导致大部分行业出口占比下降,碳关税并不具有优化产业结构、降低"三高"产业的占比的作用,对大部分能源行业都造成负向冲击,降低了化石能源的生产投入量,对碳排放和碳强度起到了抑制作用。

对二氧化碳减排的研究,除了对碳税、碳交易以及碳关税的研究外,对温室气体减排的研究视角正在被不断拓展,如从国际运输方式(Vöhringer等,2013)、居民消费(Duarte等,2014)以及生物质能(Hoefnagels等,2013;Timilsina等,2013;Suttles等,2014)等。此外,国内学者也从总量减排、国际贸易等视角研究了碳减排问题(王灿等,2006;王丽,2010;蔡跃洲等,2010;刘小敏等,2011;张友国,2013)。

(二)环境税征收研究

环境税主要针对造成环境污染以及生态破坏的行为进行征税,从而使得人类活动的外部影响内部化。目前国际上出现的环境税形式主要有硫税、碳税、噪声税、固体废物税、垃圾税等。而运用CGE模型讨论环境税的文献多集中于硫税(马士国,2008;宋琛哲等,2014)、碳税、水污染税(陈雯等,2012)、排污收费(张友国等,2005)、排污权交易(Thepkhun等,2013;金艳鸣等,2012)、生态税(金艳鸣等,2007;胡宗义等,2009)等。也有学者并未区分具体的环境税税种,直接针对环境税开展了模拟研究(Ciaschini等,2012a,2012b;梁伟等,2014;秦昌波等,2015;李鹏和魏巍贤,2016;刘宇和胡晓虹,2017)。

二、CGE 模型在能源价格研究中的应用

(一)能源价格研究

学者对能源价格波动对经济体系的影响颇为关注,许多学者运用 CGE 模型对能源价格问题展开了针对性研究。部分研究表明单一品种能源价格上涨将对其余能源消费需求产生影响(Despotakis 等,1998;Doumax 等,2014)。有学者认为能源价格上涨对经济增长的负面影响不大(Bergman,1988),但也有研究表明能源价格上涨将对国家经济产生较大负面冲击(Aydin 等,2011)。

目前,我国城市化和工业化进程不断深化,中国经济对于能源的消费需求具有刚性,能源价格的变动对中国经济的影响不容忽视,因而学者对于关于中国能源价格的研究也比较丰富。林伯强等(2008)研究表明,化石能源价格上涨对中国经济具有紧缩作用,且煤炭对经济体系的紧缩作用更为显著。胡宗义等(2008,2009,2010)研究发现,能源价格上涨将会对能源强度产生抑制作用,同时对宏观经济产生负向冲击。原鹏飞等(2011)研究发现,能源价格上涨虽然对宏观经济产生负向冲击,但是却在一定程度上降低了能源强度,同时优化了产业结构。王腊芳等(2014)同样运用 CGE 模型对能源价格问题进行了研究,模拟结果表明,能源价格上涨对宏观经济具有紧缩作用,并且优化了产业结构,降低了能源消耗,抑制了污染物的排放。钟帅等(2017)构建了中国"产业-能源-碳排放"CGE 模型,探讨了国际化石能源价格波动和碳税政策对实现 2030 年碳减排 60%—65%目标的交互影响效

应,研究结果显示,无论国际化石能源价格上升还是下降,碳税政策都能实现减排 60％以上的目标;而当国际化石能源价格下降,碳税政策无法缓解能源对外依存度的提高,能源安全存在隐患。

（二）能源价格管制研究

能源价格管制是学者的一大研究热点。这里的研究主要围绕直接的调整能源价格,以及间接地进行能源补贴或征收能源税来展开。

1. 能源补贴

能源补贴是指通过对具体的能源进行补贴,降低能源的使用价格,其在本质上是一种价格管制行为。对于能源补贴改革的经济影响,学者们提出取消或削减化石能源补贴会对实际收入水平、能源利用效率、能源消费需求的总量和结构等方面造成较大的影响,但对于影响的大小存在较大争论,甚至在对实际收入等方面的影响是积极还是消极也尚未达成共识（Burniaux 等,1992;Motlagh 和 Farsiabi,2007）。此外,研究者们认为取消或削减能源补贴的分配效应明显,对居民生活成本的冲击较大,涉及贫困救济、能源消费公平等问题。早期的研究多关注于取消能源补贴对分配的影响,发现在取消能源补贴的情况下,不仅提高了能源价格与相关工业产品的价格水平,还对居民产生了不利影响（如 Brannon,1974;Anderson 和 Mckibbin,1997;Saboohi,2001）。由于不同国家的情况差异较大,也有一些学者专门研究了某个国家削减能源补贴对居民的影响,例如 Dube（2003）、Kebede（2006）分别研究了津巴布韦、埃塞俄比亚削减能源补贴对居民的影响。大部分研究结果均表明取消能源补贴对家庭影响较大,尤其是对贫困家庭。学者关注的另外一个研究热点是取消能源补贴对于二氧化碳排放的影响,研究发现取消能源补贴有助于降低二氧化碳排放（Saunders 和 Schneider,2000;IEA,2010;Manzoor 等,2012;Solaymani 等,2014）。

国内对于能源补贴问题的研究也较为丰富。中国能源补贴存在一些问题,如中国电力补贴机制缺乏效率和公平（林伯强等,2009）、能源补贴存在补贴国外消费者的情况(周勤等,2011)。当前,取消能源补贴能够降低单位 GDP 碳排放(刘伟和李虹,2014;王韬和叶文奇,2014),也会对宏观经济产生负面影响(姚昕等,2011)。此外,还有学者研究了清洁能源补贴政策。赵玉荣(2017)将可再生能源发电带来的空气污染物二氧化碳(CO_2)、二氧化硫(SO_2)、氮氧化物(NO_x)和粉尘颗粒($PM_{2.5}$)排放的减少作为衡量大气环境质量改善的效益指标,利用 2012 年中国投入产出表建立包含温室气体、污染气体和颗粒物模块的可计算一般均衡模型,从总量和行业的视角量化研究了实施可再生能源电价补贴政策对改善大气环境的积极作用,并考察了可再生能源发电补贴辅以硫税、硫税及碳税这两种冲击的情景。徐晓亮(2018)采用不同政策场景下差异性清洁能源补贴模式,模拟清洁能源补贴改革对相关产业发展和环境系统的影响,由此探讨主要污染物和碳排放影响的政策效应。

2. 能源税

国外学者对能源税的研究较早,主要关注征收能源税对于经济、能源利用以及二氧化碳减排的影响(Fisher,1989;Parry 等,2005;Bovenberga 等,2007;Bor 等,2010;Sancho,2010)。

国内学者也开展了丰富的研究。有学者研究发现,若将能源税采取恰当方式返还,能够达到"双重红利"的效果(高颖等,2008,2009)。近年来的研究更是表明,适度征收能源税对宏观经济的紧缩作用较小,并且对经济体系产生积极作用,如改善经济结构、优化能源消费结构、增加后代福利等(王德发,2006;林伯强等,2008;林伯强,2012;夏传文等,2010;徐晓亮,2014)。此外,还有部分学者对 CGE 模型进行了拓展,研究了征收能源税的影响。魏巍贤(2009)在中国的能源环境 CGE 模型中引入了环境反馈机制,对征收化石能源从价资源税的碳排放及经济影响进行了模拟研究。郭志等(2014)在绿色 GDP 社会核算矩阵的基础上构建了能源 CGE 模型,并模拟能源税收和能源效率的变化效果。

第四节　天然气价格变动的
传导机制

　　价格具有传导机制。首先,价格的变动会影响市场供求数量的变化;其次,由于一种商品价格的变动,会引起其他相关商品价格的变化,进而影响整个经济系统各行业投入产出的变化。冷淑莲等(2004)认为各种商品通过市场经济有机地联系在一起,任何商品价格的变化将会通过成本推动或需求拉动传导给其余商品。

　　能源是一种特殊的商品,同时也是经济活动中不可缺少的生产要素,而能源价格是调整能源供求平衡的重要变量。因此,学者针对能源价格变动的传导机制进行了大量研究。其中,对煤炭价格以及石油价格变动的传导机制研究较为充分,而对天然气价格变动的传导机制相对较少。本节对天然气价格变动的传导机制进行具体探讨。

　　天然气价格对经济的影响可从两方面来考虑。一是讨论国内天然气产出价格变动对各产业部门的影响。假设天然气的产出价格上涨,天然气部门的利润空间增加,然而这是建立在不存在政府价格管制的情景之上的。假设存在价格规制的话,天然气部门的利润空间将会被压缩。而对于非能源生产部门而言,天然气作为一种中间投入,其价格的上涨将会导致产品的生产成本上涨,挤占了行业的利润空间。对于能源生产部门而言,国际天然气价格上涨并不仅仅表现在作为中间投入提高了能源产品的生产成本方面,还表现在消费者对一揽子能源商品的购买选择上,消费者将会降低天然气的消费,转而倾向于增加其余可替代能源的消费,因而能源行业的利润取决于成本上涨与替代天然气使用两方面的综合效果。二是讨论国内天然气产出价格变动对宏观经济的影响。由于宏观经济涉及的变量较多,在很多情况下无法判断其对于宏观经济变量的具体影响。但是天然气产出价格对宏观经济的影响主要通过以下几个途径：一是天然气作为其余产业的中间投入，天然气产出价格上涨后提高了商品的生产成本，导致经济体系中商品的价格上涨，出现成本推动型通货膨胀；二是天然气产出价格上涨后，改变了经济体系中各种商品的相对价格，经济主体将会重新调整对商品的购买选择，从而导致产业结构发生变化；三是天然气产出价格上涨后，进口天然气相对于国产天然气更具竞争优势，促进了经济主体对进口天然气的消费需求。丁浩等（2012）在对天然气价格改革进行研究的同时，也对天然气价格变动可能会产生的影响进行了分析，其认为：第一，天然气价格上涨后对于以天然气为原料的企业而言，将会增加其生产成本，降低企业竞争力；第二，天然气发电在环境保护方面具有突出优势，天然气价格上涨不利于天然气发电的发展。聂光华（2012）采用对天然气出厂价格变动的传导效应进行了深入研究，结果发现：天然气价格不仅会对化工产品价格、国内生产总值增长率产生影响，还会对物价水平产生间接影响。此外，天然气价格变动将会通过价格传导机制在更加广阔的范围内对部门经济以及居民生活产生影响。王婷等（2012）采用可计算一般均衡模型模拟了提高天然气价格对中国经济的影响，结果发现，天然气价格上涨对宏观经济的影响较小，对居民尤其是城市居民的影响较大。高志远等（2014）同样采用可计算一般均衡模型对天然气价格波动的传导效应进行了研究，结果表明，在天然气价格波动时，与天然气产业关联程度较小（农林牧渔业、服务业以及食品制造业等）的产业产出变动幅度较小，而与天然气产业关联程度较高（化学工业、交通运输业以及石油加工业等）的产业产出变动幅度较大，尤其是与天然气互为可替代能源的相关产业产出变动幅度更加明显。

此外，国际天然气价格是如何影响我国经济体系的，其传导路径又如何呢？对此，张在旭等（2012）从应用数理模型模拟了天然气价格（主要是国际天然气价格）的传导过程。从天然气产业链的视角出发，对天然气价格传导的影响进行了分析。首先,在天然气价格对天然气产业链上游的传导路径方面,国际天然气价格受国际油价影响明显,国际油价下跌将会促进对天然气的消费需求。天然气生产商将会增加天然气供应,进而可能使得供大于求,天然气价格随之降低。当天然气价格持续低位运行时,将会影响天然气生产商对未来天然气市场的预期,导致对天然气勘探开发的投资意愿降低,并且可能导致许多已经进行天然气勘探开发的项目闲置。由此,天然气生产企业的经营面临困境。其次,在天然气产业链中下游传导路径方面。对天然气的进口商以及地方燃气公司而言,他们主要面临的风险是国际天然气价格的大幅上涨。为了应对该风险,天然气进口商以及地方燃气公司需要提高自身经营效率,降低运营成本或者转嫁给消费者。而对于将天然气作为原料或燃料的工业用户以及居民用户而言,他们是天然气的终端消费者,天然气价格上涨将会使得工业用户的成本高企,进而提高产品的生产成本,最终导致输入性通货膨胀;此外,居民用户可能会降低天然气的消费并且使得居民福利降低。最后,在天然气产业链向社会传导方面,国际天然气价格的波动将会对天然气供应商、天然气经销商以及终端用户产生不同影响,需要正确应对天然气价格风险可能带来的企业倒闭、员工降薪等风险。李强等(2015)采用结构向量自回归模型对国际油价以及天然气价格波动的经济影响进行了实证分析,研究结果表明,国际天然气价格将会促进居民消费价格指数(CPI)的上涨,然而对我国的货币政策以及宏观经济的影响较小。

第三章
中国天然气价格规制改革进展

第一节　中国天然气产业发展
现状及面临的问题

天然气产业包括三个环节：上游的天然气开采业、中游的管道运输业以及下游的燃气分销业。天然气开采业是天然气供应的来源，包括天然气的开采与净化；管道运输业是连接天然气供应地与天然气消费地的桥梁，负责把上游天然气产品运输给下游天然气消费者，其最重要的基础设施就是管道，除此之外还包括储气库以及 LNG 接收站等；天然气产业的下游是燃气分销业，即天然气通过运输到达城市门站后，燃气分销公司负责将天然气通过管道或 LNG 的形式售卖给下游居民、企业以及交通等用户。

一、中国天然气产业上游发展现状及面临的问题

（一）发展现状

2018 年，中国天然气产量达到 1 615 亿立方米，同比增长 8.3％左右。其中，陕西、四川、新疆三大省份生产的天然气占全国天然气产量总量的 65％以上。中国天然气产量主要掌握在三家国有油企（中石油、中石化、中海油）手中，其中中石油（中国石油天然气集团公司）生产的天然气产量占比

最高,达到 70％以上,中石油旗下的长庆油田、塔里木油田以及西南油田是中国天然气产量最高的三大气田。

从储量来看,中国拥有丰富的天然气资源储量。根据国土资源部的相关统计数据,我国天然气探明储量增长较快,近年来年均新增探明地质储量超过 5 000 亿立方米,其中 2014 年天然气以及非常规天然气合计新增探明储量超过万亿立方米。中国天然气资源储量可分为陆上和近海两块:陆上天然气资源储量为 69 万亿方米左右,占总储量的 77％,技术可采储量 38 万亿立方米,占陆上天然气资源储量的 55％;近海地质资源量为 21 万亿立方米左右,占总储量的 23％,技术可采储量 12 万亿立方米,占近海天然气资源储量的 57％。

（二）面临的问题

总体来看,天然气产业上游发展迅速,初步形成了多种气源供应的格局。但是与下游天然气消费市场来看,天然气产业上游发展则相对缓慢,亟须采取措施促进天然气产业上游的进一步发展。这主要包括两个方面:一是要加大天然气的生产力度,增加天然气的供应,提高国产天然气的产量;二是促进天然气产业上游的竞争,提高天然气开采业的效率,降低天然气开采业的生产成本,形成由市场自由竞争决定的定价机制。具体而言,天然气产业上游面临以下几个问题:

1. 国产天然气产量不足

在当前国家对空气污染治理的高压态势下,清洁能源的消费需求旺盛,迫切需要增加天然气产量,增加天然气的供应。而实际情况是,国产天然气产量远不能满足天然气的消费需求,需要从其他国家大量进口天然气。一方面天然气存在亚洲溢价,我国将会因此承担较高的成本;另一方面,天然气对外依存度提升,鉴于地缘政治风险、市场价格风险以及运输风险等因素,天然气的供应安全面临严峻挑战。

2. 矿权流转制度不完善

我国现有矿产资源法律法规对矿权流转的规范不明确、不具体,致使矿权流转在操作过程中存在困难。部分地区存在圈而不探、探而不采现象。这将导致两个后果：一是资源探明程度较低，天然气生产企业只能在现有的气田基础上生产天然气；二是限制了其他企业的勘探开发，不利于天然气开采业整体效率的提升。

3. 市场竞争程度不足

《矿产资源勘探开发条例》只规定少数几家企业具有勘探开发的资质，即通过行政垄断的方式将市场的潜在进入者排除在市场之外。同时，中石油、中石化以及中海油在上游的勘探开发、中游的管道运输以及下游的燃气分销均占据了一定的市场份额，形成了上中下游纵向一体化的综合性油气集团公司。三大国有油气企业在基础设施建设方面投入了巨大的成本，建设了管道网络、储气库、LNG 接收站，凭借在基础设施方面的投资，增加了其他企业进入天然气市场的难度。

4. 勘探开发技术有待提高

中国在勘探开发天然气尤其是非常规天然气方面，与其他国家相比，面临更加复杂的地质条件，所需要的勘探开发技术水平也就越高。我国页岩气资源储量丰富，但尚未大规模开发，如若勘探开发技术水平成熟，会极大地刺激天然气产量的提高。

二、中国天然气产业中游发展现状及面临的问题

（一）发展现状

天然气产业中游主要是基础设施建设的发展，包括管网运输、储气库以及 LNG 接收站等。

1. 管网建设有序发展

2004 年左右，中国天然气管道网络总里程约 3 万千米。"十二五"期间，累计建成干线管道 2.14 万千米，截至 2017 年，中国天然气管道网络已达到 7 万千米。经过十余年的发展，天然气管道运输网络体系不断完善，基

本形成了东北、西北、西南以及海上四大天然气运输通道。东北方向的管道主要包括哈沈管道、大沈管道、秦沈管道等,西北方向的管道主要包括西一线、西二线、西三线、陕京线、涩宁兰管道等,西南方向的管道主要包括中缅管道、忠武线、川气东送线等,海上主要是通过沿海分布的 LNG 接收站接收天然气,基本上形成了西气东输、北气南下、南气北运、海气登陆的天然气管道网络运输格局。"十三五"期间,新建天然气主干及配套管道 4 万千米,2020 年总里程达到 10.4 万千米。此外,根据国家发布的《中长期油气管网规划》,中国天然气管网建设将会进一步推进,到 2020 年,中国油气管网总里程将达到 17 万千米,到 2025 年,中国油气管网总里程将达到 24 万千米。在这一期间,将会推进中亚天然气管道二期、中俄天然气管道建设,进一步完善西气东输三线、四线以及陕京线、川气东送等天然气主要管道网络架构的建设。

2. LNG 接收站建设初具规模

LNG 接收站是储存液化天然气的装置,包括 LNG 码头和 LNG 储罐区。当前,由于国际天然气贸易中,LNG 贸易占三成,具有相当大的市场空间。同时,中国陆上管道天然气生产与进口仍不能满足天然气的消费需求,需要从其他国家进口 LNG,中国 LNG 进口占全部天然气进口的一半左右。中国已经建设了一批 LNG 接收站,主要分布在上海、深圳、大连、宁波、唐山、天津等东部沿海城市。"十二五"期间累计建成 LNG 接收站 9 座,新增 LNG 接收能力 2 770 万吨/年。目前,中国 LNG 接收站罐容占全国天然气消费总量的 2.2%,占全国 LNG 周转量的 9% 左右。

3. 储气库建设逐渐推进

中国天然气供需总体上处于"宽"平衡的状态,但是仍然有局部地区出现"气荒"的现象,主要原因是天然气储气库建设不完善,天然气调峰能力不足。目前,中石油依托陕京线、西气东输管道完成了首批储气库群的建设,明显增强了天然气的调峰能力。"十二五"期间,累计建成地下储气库 7 座,新增工作气量 37 亿立方米。预计"十三五"期间,到 2020 年,地下储气库累计形成工作气量 148 亿立方米。地下储气库重点项目包括中石油大港、华北储气库群、中石油文 23、中石化文 23、江汉盐穴以及中俄东线天然气管道配套储气库等。

(二) 面临的问题

总体来看,天然气产业中游发展速度较快,初步形成了全国一体化的管道网络运输体系,建成了一批 LNG 接收站以及地下储气库,并且在"十三五"期间,天然气产业中游的基础设施建设还将继续推进。但是天然气产业中游仍然存在一些问题,表现在以下几个方面:

1. 基础设施建设不足

中国天然气产业在 2000 年以后发展迅速,在 2007 年以后天然气进口开始高速增长,天然气市场规模不断扩大。到 2018 年,中国天然气消费量为 2 830 亿立方米(不包括香港、台湾等地),而同年美国天然气消费量为 8 171 亿立方米,中国天然气消费量为美国的 1/3。从基础设施来看,中国与美国国土面积类似,中国天然气管网总里程为 7 万千米,美国天然气管网总里程则为 36 万千米,中国天然气管道总里程仅为美国的 1/5。以美国作为标准,中国管网总里程与市场规模不相匹配。我国天然气主干管网还不完善,没有实现全国覆盖,区域性输配管网建设不足,部分中小城市依然未能通气。此外,我国储气库工作气量较低,只占全国天然气消费量的 3%,远低于世界 12%—15% 的平均水平,并且我国储气库建设以气源地储气为主,以消费市场为基础的储气库建设不足,储气能力以及储气结构均有较大的提升空间,调峰能力有待提高;LNG 接收站罐容占全国消费量的 2.2%(占全国 LNG 周转量的 9% 左右),较之于日韩国家 15% 左右的水平还存在很大距离。

2. 未实行第三方公平准入

天然气产业中游的基础设施建设具有比较强的自然垄断特征,投资规模大、沉淀成本高、回收周期长。在天然气市场发展的起步阶段,往往采取将管网业务与上游开采业务捆绑经营的方式,利用不同业务之间的交叉补贴,促进管网设施的建设。欧美发达国家的发展经验表明,当天然气市场发展进入较为成熟的阶段后,就要逐步对天然气产业进行改革,公开市场准入,促进天然气市场的竞争,提高天然气产业的生产效率。我国天然气市场初具规模,已经成为仅次于美国、俄罗斯的第三大天然气消费国。而我国天然气产业的纵向一体化特征明显,中石油、中石化、中海油不仅垄断了天然气产业的上游业务以及中游业务,甚至还存在部分下游业务。为了维护其垄断地位,三大油气企业不仅缺乏公开准入的动力而且会极力维持现有市场规则,给国家实行第三方公开准入制造了障碍。2014 年,国家发改委、国家能源局分别出台《天然气基础设施建设运营管理办法》《油气管网设施公平开放监管办法(试行)》,明确提出了天然气基础设施公开准入的改革方向,但是并没有对国有油气企业输、售业务进行分离。由此导致的后果是,其他天然气生产供应商要进入天然气管道业务仍然存在较大困难。2019 年 12 月,国家管网公司正式成立,国家对油气企业输、售业务进行了分离,为第三方公平准入提供了有利条件。

3. 监管体制机制不健全

天然气产业中游基础设施自然垄断特征明显,是国家监管的重点。国家对天然气产业改革的最终目标是要放开天然气的出厂价格,由市场竞争形成,仅针对具有自然垄断性质的管网运输业进行严格监管。发达国家的经验也表明了对管道运输业监管的必要性。但是,从目前管网运输业的实际运行情况来看,监管还存在不完善、不健全的情况。一方面,天然气产业监管机构与政府主管部门未能分离,均为国家能源局,既是规则的制定者又是监管者;另一方面,中石油、中石化、中海油均为国有企业,其领导层均具有行政级别,如中石油集团公司董事长、党组书记,为正部级,而国家能源局局长也为正部级,监管存在困难。

4. 定价机制有待完善

由于天然气管道的强自然垄断特征,对其进行严格管制是世界各国的普遍共识。我国天然气定价已经从"成本加成法"向市场净回值法过渡,只管制天然气的门站价格。天然气门站价格减去管输费,即是天然气的出厂价格。因此,合理确定天然气的管输费,对于保障天然气产业上游的利益至关重要。然而我国对管道运输费的定价缺乏合理的定价方法,随意性较大。2016 年,国家发改委印发《天然气管道运输价格管理办法(试行)》,对天然气管道运输价格进行了规范,提高了管道运输定价的规范性,但是在管道运输费用价格调整时间、储气库以及 LNG 接收站价格规范方面还需进一步完善。

三、中国天然气产业下游发展现状及面临的问题

(一) 发展现状

天然气产业下游主要是指燃气分销业,负责将天然气销售给终端消费者,按照使用去向的不同,可以分为:城市燃气、交通用气、工业用气、发电用气以及其他用气等。

1. 城市燃气

随着中国城市化进程的不断推进,越来越多的居民从乡村转移到城市,城市燃气的需求也因此不断增强。目前城市燃气的主要来源包括天然气、液化石油气、人工煤气,未来非常规天然气也将成为城市燃气的重要来源之一。当前,我国用气人数超过 5.5 亿人,用气家庭数量超过 1.6 亿户,具有较大的消费用户基础。2016 年年底,我国城市燃气供应总量超过 1 200 亿立方米,与"十一五"期间相比,增长幅度较大。从用气结构来看,天然气以及液化石油气占比较大,且有进一步增长的可能;人工煤气由于污染较大,发展受到限制,占比较小且有进一步减少的趋势。未来城市燃气的发展方向:一是增加居民用气,中国城镇化水平在可预见的将来,仍会进一步提升,为

城市燃气提供了强大的用户基础,同时依托拓展居民用户所需的城市管网建设,增加城市基础设施用户以及商业用户,扩大市场规模;二是推进天然气对煤的替代,在长三角、京津冀、珠三角等能源利用较多的地区,加快天然气替代煤炭燃烧,采用天然气替代煤炭进行集中采暖或分散式采暖,降低燃煤污染。

2. 交通用气

近年来,由于我国私家车保有量持续上升,汽车尾气排放量较大。有研究表明:造成中国城市雾霾天气的重要原因之一是汽车尾气。而燃气汽车能有效降低汽车尾气排放,具有良好的环境经济效益。为此,政府出台了一系列政策措施,为交通用气提供了良好的外部环境。2017 年国家能源局《能源发展"十三五"规划》,提出要扩大交通领域天然气利用,推广天然气公交车、出租车以及液化天然气船舶等。同年,国家发改委《天然气发展"十三五"规划》,提出发展交通领域气化工程。2018 年交通运输部《长江经济带船舶污染防治专项行动方案(2018—2020 年)》,提出要降低长江经济带船舶污染,推动 LNG 在船舶领域中的应用。2017 年,中国 LNG 汽车保有量超过 30 万辆,同比增长 40%;全国 LNG 加气站总数达 2 528 座,同比增长 2.76%;LNG 运输槽车保有量达 9 206 辆,新增槽车约 1 250 辆,同比增长 15.71%。总体上看,交通用气属于政府鼓励应用推广的领域,具有良好的外部环境,市场规模有所扩大。

3. 工业用气

工业用气分为两部分:一是工业燃料用气;二是化工用气。工业燃料用气主要是针对能源消费需求较大的行业,包括钢铁、有色、陶瓷等行业。天然气由于热值高、清洁性等优点,在工业燃料用气领域具有较大的发展空间。但总体上而言,由于我国天然气资源的稀缺性,天然气的优先利用领域通常是保障民生以及替代散煤,一定程度上限制了工业燃料用气的发展。2017 年,工业燃料用气占全部天然气消费比重的 30%以上,未来随着天然气的保障能力不断提升,工业燃料用气占比有进一步提高的可能。天然气在化工领域主要是用于生产化学产品,包括甲醇、化肥、制氢等。受产能过剩、天然气价格上涨影响,其在化工领域的经济性下降,化工企业增长乏力,受到较大冲击,预计"十三五"期间,化工用气增长乏力甚至是有所下降。

4. 发电用气

与燃煤发电相比,天然气发电的环境效益显著,几乎不产生二氧化硫以及粉尘颗粒,仅排放少量的氮氧化物。此外,天然气发电机组相对灵活,具有优越的调峰能力,因而天然气发电是我国天然气利用优先发展的方向。目前,天然气发电厂主要集中于长三角、京津冀以及珠三角等经济发达地区。一方面,是由于经济发达地区用电需求较大,天然气发电可灵活调峰,满足地区的电力需求;另一方面则是由于环保政策趋紧,天然气发电能够显著降低污染物排放。2017 年,发电用气占天然气消费总量的 20% 左右,天然气发电占全国总发电量的 3% 左右。2017 年,国家发改委、能源局《加快推进天然气利用的意见》,提出完善天然气发电价格市场化,解决天然气发电价格矛盾。未来,天然气发电存在较大发展空间。

(二) 面临的问题

我国天然气市场发展迅速,天然气消费量在全世界排名第三,但天然气在我国能源中的消费比重依然较低,仅为 7% 左右,表明天然气对我国而言依然属于相对稀缺的能源资源。为了推进天然气产业的进一步发展,对天然气产业下游市场所面临的问题归纳如下:

1. 天然气稀缺性特征明显

我国天然气市场发展迅速,尽管国内产量远小于天然气消费需求,但是依赖多元化的天然气进口供应,总体上而言,天然气市场处于供需平衡的状态。然而,实际上,天然气的消费需求要超出目前天然气的供应能力,主要表现为:国家出台了天然气利用政策,对天然气利用的优先领域、允许领域以及限制领域进行了规定,天然气要优先保障民生、替代散煤,在一定程度上表明了天然气资源在我国的稀缺性。

2. 价格机制不合理

价格是调节市场供需的标准,能够引导资源流向最为稀缺的部门,对资源进行更加有效的配置。我国天然气下游价格不合理,限制了天然气下游市场的可持续发展。首先,天然气下游用户存在交叉补贴,居民用气价格低于大用户用气价格,与国外发达国家天然气用户气价特征相反,可能的原因在于国家出于保障民生的角度,以大用户补贴居民用户,这不利于天然气的可持续发展。其次,价格调整具有滞后性,天然气下游企业向终端消费者销售天然气时,价格受到地方政府管制,天然气价格难以根据市场变化及时进行调整。最后,天然气价格与下游用户价格未能形成联动机制,限制了天然气的利用。例如天然气发电领域,缺乏上网电价与气价的联动调整机制,燃气发电本身成本相对较高,且具有调峰价值,但是上网电价受到政府管制,天然气发电成本难以通过电价调整传递给终端消费者,不利于天然气发电企业的发展。

3. 局部性"气荒"现象时有发生

其主要原因:一是地区调峰能力不足,这与天然气产业中游基础设施建设有关,天然气地下储气库往往建立在供应管道网络附近而非消费地,导致消费地调峰能力较差;二是国家政策为天然气市场发展提供了充足的空间,但是天然气的供应能力没有跟上,如北方推进的"煤改气"工程,客观上增加了天然气的市场需求,导致天然气的需求超出市场供应。

4. 监管体制机制有待完善

天然气产业下游业务主要由住建部以及各级地方政府相关部门进行监管。首先,监管职能分散。由于天然气下游用户众多,包括居民、商业、工业以及发电等用户,涉及的政府部门较多,各监管机构职责不清,难以对天然气的不同用户开展有效监管。其次,监管政策不透明。监管机构职责领域内的工作信息公开不到位,无法对监管者进行监管。例如,城市燃气经营须具备特殊经营权,获取特许经营权需要公开竞标,但往往搞形式、走过场,实际上经营权在投标之前早已确定。

第二节　中国天然气产业价格规制改革

价格是反映市场供需的重要信号,具有合理配置资源的重要功能。天然气产业环节众多,不同环节有不同的价格,而价格则是关涉天然气产业上中下游利益的关键。推进天然气产业价格规制改革,不仅有利于天然气产业的健康可持续发展,也有利于促进天然气产业上中下游协调发展。

一、中国天然气产业上游价格规制改革

天然气产业上游价格,主要是指天然气开采业所生产的产品价格,指天然气出厂价,包括井口价、集输费和净化费,是天然气生产企业销售给管网公司的价格。

(一) 定价方法

一般而言,天然气产业上游的定价方式有三种,即成本加成法、市场净回值法、市场定价法。成本加成法与市场净回值法通常是政府对天然气价格管制的表现形式,与不同气源之间相互竞争的市场定价机制不相同。

1. 成本加成法

成本加成定价法是根据生产单位产品的生产成本,在此基础上加上一定比例的利润,从而形成产品的价格。成本加成法的应用需要具备一定条件。首先,生产厂商有决定产品价格的能力,即行业内企业垄断程度较强。如果政府不对产品进行价格规制,企业将会根据利润最大化的原则对产品进行定价,导致产品价格较高;企业获得了超额利润,产品总量供给较少,不

利于市场的发展。政府采用成本加成定价法对企业生产的产品进行定价，产品价格不会较高，也能使企业获得一定的利润，保证企业的生产。其次，行业内会出现过度竞争，产品价格低于其市场价值。实行成本加成定价法有利于维护市场秩序，保护企业利益。

我国天然气产业在发展的初始阶段，市场规模较小，垄断程度较强，采用成本加成定价法有利于保护企业利益，促进天然气开采业的发展。但是成本加成定价法也存在缺点。一是采用成本加成定价法定价使得价格缺乏弹性，无法反映产品在不同时期的供求变化，易造成供过于求或供不应求的情形。二是企业缺乏降低成本的动力。采用成本加成法定价能够让企业获得稳定的利润，企业不但没有降低生产成本的动力反而会被激励增加投资追加生产成本，从而增加利润。三是价格确定存在难度。天然气生产企业的成本构成复杂，而政府相关监管机构与企业掌握的信息不对称，企业有虚报产品价格的动力，而政府则尽力降低产品价格，价格的最终确定取决于政府与企业博弈的结果。

2. 市场净回值法

市场净回值法是指以商品的市场价值为基础，倒推回算上游产品的价格。以天然气定价为例，天然气的门站价格减去天然气的管道运输费用，即为天然气的出厂价格。现行的天然气市场净回值法定价，还并未完全根据天然气的市场价值为基础，而是从不同能源的热值差异、利用效率以及体现天然气的价格优势等角度来考量，综合选取燃料油、液化石油气以及原油等能源作为可替代能源，按照一定公式确定天然气的市场价值。

以市场净回值法确定天然气价格具有一定优越性：一是反映了天然气与其他能源的比价关系，有利于天然气与其余能源之间的竞争；二是一定程度上反映了市场供求，有利于供需双方及时调整生产能力以及用气策略；三是有利于提高供应企业的生产效率，以市场价值来确定天然气产品的价格，供应企业将难以稳定获取利润，需要与其余天然气生产企业进行竞争，降低生产成本,从而获取竞争优势。

市场净回值定价也有缺点,主要表现为市场净回值定价所依据的市场价值是以可替代能源作为基准,而非天然气本身真实的市场价值,因而尽管在一定程度上反映了市场供需状况,但并非天然气本身的真实供需,会造成价格信号失真、失实的情况。

3. 市场定价法

天然气产业在发展初期,需要建设大规模的管道网络、LNG 接收站以及储气库等基础设施。采用市场定价的方法不利于保护天然气产业的发展。国外发达国家的发展经验表明,只有在天然气产业发展相对成熟时,才能进一步考虑如何开展天然气市场定价。

市场定价法就是根据市场供需决定商品的价格。天然气市场定价将有助于反映市场的供求状况,使得天然气价格真正反映市场需求,同时能够迫使不同气源之间相互竞争,降低生产成本,提高生产效率。但是也存在不利影响,主要是在当前各种能源品种或多或少存在政府价格规制时,不利于天然气的推广。例如,天然气发电领域,电价受到政府规制,天然气价格与电价不能形成联动,难以传导给下游消费者,制约了天然气发电发展。此外,天然气定价市场化后,难以体现天然气价格相对于其他能源的环境优势,也不利于天然气对其他化石能源形成替代。

(二) 价格改革进展

我国决策层高度重视天然气价格改革问题,出台了一系列文件,采取了多种措施推进天然气价格改革。在天然气产业发展初期(1956—1981 年),国家实行优惠低价培育天然气消费市场,天然气产量也由政府统一调配,这一时期天然气价格维持在 30—50 元/千立方米。随着天然气市场的逐步发展,天然气价格改革推进提速。

1. 价格双轨制阶段(1982—2004 年)

1982 年,国家对天然气商品实行包干政策,包干内天然气由政府定价,包干外天然气可由企业自主定价,即采取灵活的双轨制政策,既保证了计划内天然气稳定的供应,又让天然气生产企业在计划外获取了利润。

1987年,国务院发布《批转国家计委等四个部门关于在全国实行天然气商品量常数包干办法报告的通知》,对天然气价格双轨制进一步完善,在不改变先行包干气价的基础上,上浮包干外气价。

在天然气价格双轨制时期,包干内执行较低的价格,满足了天然气的基本消费需求;包干外气价水平较高,并且随着价格双轨制的完善,国家允许企业在不超过最高限价的条件下,可自主决定包干外气价,企业具有一定的价格自主权。实行天然气价格双轨制,是我国价格改革的独特尝试,不仅有效调节了市场供需,还提高了企业的生产积极性,使得天然气生产企业在发挥保障天然气供应功能的同时,刺激了天然气的生产,有利于天然气生产企业进一步扩大生产规模。

2. 成本加成法定价阶段(2005—2010年)

政府对天然气价格从严格的规制向政府指导定价转变,即从价格双轨制向成本加成定价法转变,天然气市场化程度有所增强。

2005年,国家发改委发布《关于改革天然气出厂价格形成机制及近期适当提高天然气价格的通知》,将天然气出厂价简化为城市燃气用户、直供工业用户以及化肥生产用户,将天然气价格与替代能源价格挂钩,允许天然气价格在一定幅度下自主协商确定价格,确定了各档天然气价格逐渐并轨的改革方向。到2010年,国家发改委《关于提高陆上天然气出厂基准价格的通知》,提出将一档气价与二档气价合并,标志着天然气价格双轨制政策的终结。

这一阶段,政府对天然气的价格规制行为有所放松,但总体上依然有较强的政府定价特征。对天然气的定价指导原则是采用成本加成法的定价方式,在生产成本的基础上加合理的利润率,从而确保天然气生产企业的利润水平,促进天然气产业上游的发展。

3. 市场净回值法定价阶段(2011 年至今)

在成本加成定价法阶段,天然气的价格市场化程度水平较低,难以反映市场供求变化,受到社会各界的诟病。国家开始推进天然气价格改革进程。2011 年 12 月,国家发改委发出《关于在广东省、广西壮族自治区开展天然气价格形成机制改革试点的通知》,其中最重要的一点是转变天然气定价方式,实行市场净回值法定价。2013 年,国家发改委发布《关于调整天然气价格的通知》。政府对天然气的价格管理从出厂价格向门站价格转变,标志了我国对天然气价格的定价方式由成本加成定价法转向市场净回值定价法。

2014 年 3 月,国家发改委发布《关于建立健全居民生活用气阶梯价格制度的指导意见》,旨在对居民实行阶梯气价;同年 8 月,对非居民用存量天然气价格进行调整,缩小存量气与增量气价差。2015 年 2 月,国家发改委《关于理顺非居民用天然气价格的通知》,决定调整增量气价与存量气价,实现存量气与增量气价格的统一。同年 11 月,国家发改委发布《关于降低非居民用天然气门站价格并进一步推进价格市场化改革的通知》,规定了对天然气价格的定价方式为在基准门站价格基础上,协商定价允许上浮 20%,不设下限。

经过近年来的定价方式变动,国家主要对天然气的门站价格进行管理,同时在一定的条件下,供需双方可自由决定天然气价格。然而,近两年天然气市场的发展逐渐暴露了一些问题,如居民、非居民气价倒挂。

2018 年 5 月,国家发改委发布《关于理顺居民用气门站价格的通知》,明确了以下内容:第一,将居民用气由最高门站价格管理改为基准门站价格管理,价格水平按非居民用气基准门站价格水平安排,实现民用气价与非居民用气价并轨;第二,推行季节性差价政策,制定峰谷气价,消费旺季可在基准门站价格基础上适度上浮,淡季适度下浮,增加天然气调峰能力;第三,合理疏导天然气终端价格;第四,对低收入群体以及北方地区农村"煤改气"家庭给予适当补贴。

通过天然气价格改革,提高了居民用气价格,减少了对居民用气的交叉补贴,有助于天然气更加有效利用;同时,居民采用阶梯定价的方式以及政府对居民进行一定补贴,也弱化了民用气价上升对居民福利的影响。

（三）价格改革问题分析

中国天然气价格改革的最终目标是放开两头、管住中间,只对具有自然垄断性质的管道运输业进行价格规制,其余环节价格则按照市场供需决定,形成市场化的定价机制。通过 2011 年以来天然气价格改革,可以发现,将天然气价格与可替代能源价格挂钩的定价方式,天然气价格在一定程度上反映了市场供需,同时不同消费群体的天然气价格逐渐理顺,天然气价格市场化程度明显增强,但是还存在以下问题:

1. 以替代能源价格作为天然气定价基准合理性有待商榷

当前我国对天然气门站价格普遍采用的市场净回值定价法是建立在以可替代能源价格作为参考标准的基础上的,存在较大的主观随意性。尽管天然气定价是基于定价公式得出的,但是公式中不同能源的选择、其份额大小以及参数的选择均存在较大的主观性。因此,天然气的真实市场价值与基于一系列标准计算得到的可替代能源的价格并不相同,由此得来的天然气价格也难以反映天然气市场真实的供需状况。

2. 价格调整具有时滞性

当前政府对天然气价格规制具有时间滞后性,不能及时反映市场供需变化,即国家对天然气的门站价格管理并不能实时按照市场供需变化进行调整。在 2018 年天然气价格改革中,特别提出方案实施时门站价格暂不上浮,实施一年后允许上浮,在推行季节性差价时,也仅指出价格在消费旺季与淡季存在适当差距,并未就天然气价格的灵活调整进行说明。因此,天然气价格的时间滞后性制约了天然气产业的良性发展。

二、中国天然气产业中游价格规制改革

天然气产业中游价格,主要是指运输天然气产品所需的费用,包括管道

运输费、LNG 罐容费以及储气费等。对国产天然气而言,最为主要的是天然气管道运输费。

（一）定价方法

天然气产业中游涉及管道运输以及储气库服务,尽管其特点不同,但是定价方法基本类似。

1. 管道运输定价

由于管道网络建设需要大规模的投资,具有较高的沉淀成本。随着管道网络的不断完善,存在较为明显的规模经济性以及范围经济性,因而管道运输业是典型的自然垄断性行业。因此,政府对管道运输业通常进行价格规制,一般采取成本加合理利润的方式,其本质上属于成本加成定价法。而根据成本与价格关系的差异性,可分为"一部制"定价和"两部制"定价。

第一,"一部制"定价。"一部制"定价是指不对运输成本进行区分,仅确定管道运输费用的总成本,按照运输总量分担总成本,从而确定每单位天然气所需付出的运输费用。从不同的收费形式来看,"一部制"定价可以分为:按距离收费、包干运费、按输气量收费、可中断供气用户管输费、不可中断供气用户管输费、区别用户部门收费等。"一部制"定价存在的缺点,主要是由于管道运输本身的成本是用于维护管道运输能力的成本,与实际供气量产生的费用并不等同。

第二,"二部制"定价。"二部制"定价是指将运输成本区分为容量费和输量费,容量费对应基本气价,输量费对应用量气价。使用与容量呈比例的固定基本气价和与用量呈比例的变动的气量气价来决定天然气运输价格的方法,能够相对客观公正地确定天然气的运输价格。"二部制"定价步骤:首先,确定总成本,包括固定资本折旧、设备维护、日常运营以及各项税费等。其次,对成本进行分类,对不同功能性的经营成本划分为固定成本和可变成本。固定成本是指维护管道正常运营所必须付出的成本,不随输气量的变化而变化;可变成本是指随着输气量的变化而变化的成本。再次,对成本进行合理分配,将固定成本和可变成本分别按照容量与输量进行分摊,从而使得运输成本与运输特点相匹配。最后,费率设计。考虑到运输条件、距离、季节以及运输量等因素,设定不同条件下的输送费率,形成差异化、具有一定合理性的运输价格体系。

2. 储气服务定价

开展储气业务有利于满足天然气的调峰需求。储气服务通常包括固定储气服务和可中断储气服务两种。固定储气服务是指用户在天然气消费淡季向储气库定量注入一定天然气,而在天然气消费旺季从储气库中采出天然气的行为。可中断储气服务是指向用户提供储气服务,但并不能保证储气业务的可持续性。我国地下储气库往往位于供应侧管网附近,属于管道网络的配套设施,消费侧储气库建设不足,因而储气库对于储气服务的定价与管网定价类似,采用成本加一定合理利润的方式来定价。

(二) 价格改革进展

天然气管道运输业务具有明显的强自然垄断特征,为了防止企业获得高额的垄断利润,政府对管道运输业务进行价格规制。国家对管道运输价格以微调为主,并未进行较大修改。目前,国家对天然气管道运输定价按照"老线老价""新线新价"原则进行制定。

"老线老价"主要是针对计划经济时期由国家拨款建设的天然气输气管道,运输价格由国家统一制定,运价率保持一致。"新线新价"是指对1984年以后,国家实行"利改税""拨改贷"后,由企业利用银行贷款新建的天然气输气管道。鉴于不同输气管道资金来源性质具有差异,国家对输气管道实行"一线一价"的政策。

2003年,国家发改委发布《关于西气东输天然气价格若干问题的通知》,特别强调了管道运输价格由政府定价,干线管道运输价格由国家发改委制定,干线分输站以下输配气价格及销售价格由地方政府相关部门制定。

2005年,国家发改委发布《关于陕京管道输气系统天然气价格有关问题的通知》,对陕京管道输气系统运输价格实行政府定价,陕京一线、二线管输价格实行综合结算价。干线分输站以下输配气价格及销售价格由消费地省级物价部门制定。对陕京输气管道运价实行"两部制"价格政策。

2010年,国家发改委发布《关于调整天然气管道运输价格的通知》,鉴于天然气管道运输成本上升,为缓解企业亏损,保证正常生产经营和安全供气,决定适当提高天然气管道运输价格,对执行国家统一运价的天然气管道运输价格每立方米提高0.08元。

2013年,国家发改委发布《关于调整天然气价格的通知》,明确提出天然气价格管理由出厂价格调整为门站价格,对门站价格规定最高上限,实行政府指导价。管道运输价格仍然由政府定价。这一价格改革的方案表明,国家以往对于管道运输实行的"老线老价""新线新价"指导原则已经不再适用。

2016年,国家发改委发布《关于加强地方天然气输配价格监管降低企业用气成本的通知》,提出要降低过高的省内管道运输价格和配气价格,各地要加强对省内管道运输价格和配气价格监管,要适当降低偏高的输配价格。同年,国家发改委发布《天然气管道运输价格管理办法(试行)》,对天然气管道运输价格制定的相关规范进行了明确,指出管道运输价格按照"准许成本加合理收益"原则制定,考虑税收等因素确定年度准许总收入,核定管道运输价格,管道运输企业根据国务院价格主管部门制定的本公司管道运价率以及天然气入口与出口的运输距离,测算确定本公司不同管道的运输价格,形成公司的管道运输价格表。

2019年,国家发改委发布《关于调整天然气跨省管道运输价格的通知》,根据天然气增值税率调整情况,决定自2019年4月1日起,相应调整中石油北京天然气管道有限公司等13家跨省管道运输企业管道运输价格。

通过对天然气管道运输价格的调整,可知当前天然气运输管道实行的是政府指导价,与以往的"老线老价""新线新价"定价方式有较大的进步,突出了管道运输服务特征的定价原则。

(三)价格改革问题分析

随着天然气产业的不断发展,天然气管道运输网络不断完善,国家对天然气管道运输网络体系价格规制改革也不断跟进。目前,国家发改委主要负责对天然气管道运输的干线输气价格进行监管,而地方物价管理部门则对支线管道以及配气管网价格进行监管。政府对管道运输价格改革不断推进,但仍然存在以下问题:

1. 管道运输定价缺乏灵活调整机制

国家对天然气管道运输实行价格指导,干线管网、支线管网以及配气管网运输价格受到国家发改委、地方物价管理部门严格监管。管道运输价格往往在一段时期内维持不变,仅限于阶段性调整,但是调整频次一般滞后于产业发展速度。当管道投资、运输气量以及相关成本发生重大变化时,尽管可以提前校核,考虑到相关手续以及市场变化,管道运输价格在调整之前将面临较大损失,而这种损失只能由管道公司承担。

2. 定价方式不利于储气库建设

当前,国家在对管道运输天然气价格进行定价时,将储气服务价格也包含在内,这就导致不能提供储气库服务的管道公司也能享受到以高于真实管输价的输气价格收费,这对于能够提供储气库服务的管道运输公司并不公平,也不利于其他管道公司新建储气库。

三、中国天然气产业下游价格规制改革

天然气产业下游价格,主要是指城市燃气经营企业销售给城市燃气用户的价格(直供用户价格政策由国家发改委制定)。

(一)定价方法

天然气产业下游涉及城市燃气管网配送,其配送费用与天然气产业中游管道运输定价存在一定相似性。

1. 直线仪表定价

直线仪表定价相对简单,按照单位气量固定价格的形式收取费用,并不区分用户消费量的多少,燃气费为单位气量价格与总用气量的乘积。对单一用户而言,燃气费用构成中,不含固定成本的费用。固定成本被全体消费者共同承担。

2. 按表折扣定价

对燃气供应企业而言,单一用户的消费量越大,越能为供气企业分担较多的固定成本。因此,为了鼓励用户多消费天然气,按表折扣定价,消费量越多的用户所享受到的折扣越高。缺点在于:一是用气量较少的居民承担了较高的气价,不利于保障居民尤其是低收入居民的合理利益;二是用气量较高的用户支付的单位气价较低,鼓励了高用气量用户的消费,不利于节约天然气的使用。

3. 阶梯式定价

阶梯式定价是指按照一定用气量将用户气量分成几个区段,每个区段对应不同的天然气价格水平。根据不同地区的不同特点,可以采取不同特征的阶梯式定价。一是递增的阶梯式定价:在最低一段适用较低的天然气价格,随着用气量的逐渐提高,收取较高的价格。这种定价有利于保证居民特别是低收入居民的利益。二是递减的阶梯式定价:在最低一段适用较高的天然气价格,随着用气量的逐渐提高,收取较低的价格。这种定价有利于企业获取较高的收益,符合无政府规制下垄断企业的定价特征。

4. 固定费用定价

该种定价方式主要是指燃气公司为了确保能够收回固定成本,规定用户每月必须消费一定气量,消费不足者按照必须消费一定气量收费,即每月消费者均需向燃气公司支付固定的费用。

5. 可变定价

可变定价是指在传统定价中加入某些与替代燃料竞争的因素,如在实行阶梯式气价时,在较高价格区间内考虑到与可替代能源的比价关系。当天然气用户的天然气消费达到一定数量后,天然气价格相对可替代能源更加昂贵时,将会鼓励用户在天然气与可替代能源之间进行转换,有利于提高能源的优化利用。

(二)价格改革进展

近年来,我国天然气下游价格定价机制从成本加成法向市场净回值法转变,国家只对城市门站价格进行管理;城市门站以下,属于地方政府物价管理部门的职责范畴。城市燃气由于需要较大的城市管网为基础,尽管在全国范围内有较多的城市燃气企业,从全国来看存在一定程度竞争,但由于大多数燃气企业均是当地城市的唯一供应商,因而真实垄断程度较强。为了保护消费者利益,政府对城市燃气企业供应价格也进行规制。

城市燃气企业与地方政府在价格确定过程中,存在博弈行为。城市燃气业需要较为完善的城市配气管网,政府在制定城市燃气价格时往往采用成本加成的定价方式。燃气企业须向相关主管部门提交定价方案,但通常会存在虚高的情况;政府主管部门将根据价格法的相关规定,综合考虑居民收入、供需状况、企业成本以及周围城市燃气价格等因素,确定燃气供应企业可接受的价格。

城市燃气价格主要由燃气供应商从上游天然气供应企业购买到的天然气价格加上城市燃气配送费构成。长期以来,国家将居民用气作为保障民生的重要手段之一,对居民用气收取较低的价格,对工商业用户收取较高的价格,造成交叉补贴的问题。2018年5月,国家发改委发布《关于理顺居民用气门站价格的通知》,将居民用气价格与非居民用气价格并轨,减少了交叉补贴,我国天然气价格改革又向前推进了重要一步。

在城市燃气价格中,除了配气费,在用户使用城市燃气的初始时期,需要用户缴纳初装费。初装费收取的目的是弥补城市燃气管网建设所需要的资金缺口,是一种行政性收费。2001年,国家取消了城市燃气管网接入费,但是不少地区仍然存在初装费,没有统一的收费标准且差异性较大。

(三) 价格改革问题分析

1. 燃气定价形式单一

目前我国燃气价格相对单一,并不区分容量费和用量费。物价管理部门在指导城市燃气定价时,根据城市燃气企业提供的运营信息,包括供气总量以及供气成本,计算单位气量的成本价格,再根据收益率管制以及国家制定的天然气利用政策等,对不同天然气用户收取不同的价格。这是一种服务于国家政策目标的定价方式,并未考虑到不同用户用气量的供气成本差异。在该种定价方式下,大用户对供气企业的利润贡献较大,而小用户由于固定成本高,对供气企业的利润贡献较低。

2. 定价缺乏灵活调整机制

与天然气产业上游、中游定价存在的问题类似,由于实行政府指导价,燃气企业要调整天然气价格需要满足一定的条件。对于城市燃气这种具有自然垄断性质的行业,须依法建立听证会制度,即燃气企业或天然气用户要求价格调整,需要召开价格听证会。随着国家对天然气中上游价格的逐步推进,天然气门站价格的调整灵活性增强,而下游城市燃气定价依然有赖于价格听证会制度,其程序较为复杂、花费时间,导致价格调整滞后。如何提高城市燃气定价的灵活性,促进天然气价格的上中下游一体化联动,是下一步天然气价格改革需要推进的问题。

第三节　中国天然气产业监管体制分析

天然气产业具有明显的自然垄断特征,国家对天然气产业实行严格的监管;同时我国部分市场未向社会资本放开,表现出行政垄断特征。因此,在对天然气产业进行价格改革的同时,也需要推进天然气产业监管体制改革。

一、中国天然气产业上游业务监管体制

天然气产业具有规模经济性、范围经济性,属于自然垄断产业。但是天然气产业上游——天然气开采业具有可竞争性,属于潜在可竞争性产业,北美发达国家对天然气产业的改革也证明了建立天然气开采业完全竞争市场的可行性。目前,对天然气开采业以及非常规天然气开采业的勘探开发实行严格的进入限制,不同性质的气源国家放开的程度不同。

(一)准入政策

1. 常规天然气

根据我国《矿产资源法》和《矿产资源开采登记管理办法》,申请勘探、开采天然气资源须经国务院批准,经国家发改委审查同意,由地质矿产主管部门登记,才颁发勘查许可证、采矿许可证。因此,进入常规天然气开采领域的准入资格被国家严格限制。目前,经国务院批准的在天然气勘探开发有资质的企业有中石油、中石化、中海油三大国有油气集团公司,三家企业生产的天然气占全国总产量的95%以上。此外,国务院也批准了陕西延长油矿集团具有勘探开发的资质,但仅在规定范围内对油气资源进行勘查。其他从事天然气勘探勘查和天然气生产的企业极少。

国家对天然气价格改革的最终目标是放开两头、管住中间。因此,允许具备资质的非公有制企业依法依规进入天然气开采业是国家体制改革的目标之一。2012年,国务院《关于鼓励和引导民间投资健康发展的若干意见》,指出鼓励民间资本参与石油天然气建设,支持民间资本进入油气勘探开发领域与国有石油企业合作开展油气勘探开发。2012年,国务院《中国的能源政策(2012)》白皮书,指出中国积极推进能源市场化改革,鼓励民间资本参与能源资源勘探开发。但是从目前政策执行实践来看,尚未出台相应的操作规范,民间资本难以进入天然气勘探开发领域。

2. 非常规天然气

非常规天然气包括页岩气、煤层气、煤制气等。不同气体品种，国家实施的勘探勘查的政策也不相同。

第一，页岩气。2011 年，国务院批准页岩气为新的独立矿种，即第 172种矿产。2012 年，国土资源部《关于加强页岩气勘查开采和监督管理有关工作的通知》，指出页岩气勘查、开采登记管理由国土资源部负责，鼓励各类社会投资主体依法依规勘查页岩气。页岩气探矿权申请人应当是独立企业法人，具有相应资金能力、石油天然气或气体矿产勘查资质；申请人不具备相关资质的，可与具有资质的勘查单位合作勘查、开采。鼓励符合条件的民营企业投资勘查、开采页岩气；鼓励拥有页岩气勘查、开采技术的外国企业以合资、合作形式参与我国页岩气勘查、开采。2013 年，国家能源局《页岩气产业政策》，指出要加快页岩气勘探开发利用，鼓励包括民营企业在内的多元化投资主体投资页岩气勘探开发。2016 年，国家能源局《页岩气发展规划（2016—2020 年）》，指出要放开市场，引入各类投资主体，构建页岩气行业有效竞争的市场结构和市场体系。

第二，煤层气。1994 年，煤炭工业部《煤层气勘探开发管理暂行规定》，指出国家对煤层气的勘探、开发，实行统一规划、分级管理，对煤层气的勘探和开发，须征得煤矿企业法人同意和煤炭工业部批准，鼓励利用外资开发煤层气。2007 年，国务院《关于加强煤炭和煤层气资源综合勘查开采管理的通知》，指出鼓励煤炭矿业权人综合勘查开采煤层气；同年，多部委联合发布《关于进一步扩大煤层气开采对外合作有关事项的通知》，指出要充分引进和利用国外先进技术进行煤层气的勘探和开采。2013 年，国家能源局《煤层气产业政策》，对产业准入方面提出了一定要求，包括在投资能力、技术实力以及相应资质等。从国家对煤层气发布的相关政策来看，对煤层气开发的相关主体政府并未明确限制，只要符合开发要求，拥有技术实力的企业均可参与煤层气开发。

第三,煤制气。煤制气与天然气、页岩气、煤层气等不同,它是以煤炭为原料,经过一定生产工艺,最终生产出气化产品。煤制气尽管最后生产出来的气化产品具有环境友好性,但是在生产过程中会产生水污染问题。煤制气的发展还存在许多技术性瓶颈亟待突破,国家对煤制气的发展还处于严格监管状态中。2010年,国家发改委发布《关于规范煤制天然气产业发展有关事项的通知》,指出对煤制气项目由国家发改委统一核准,地方政府不得擅自核准或备案天然气项目。因此,对煤制气而言,大规模发展还需时日,但是一旦克服技术上的难题,对于中国节能减排、改善空气环境质量具有重大意义。

(二)准入难点

从上述我国对常规天然气以及非常规天然气准入政策的阐述中可以发现,我国非常规天然气的准入门槛相对较低,并且国家鼓励社会多元主体进入非常规天然气领域的勘探开发,但是常规天然气的勘探开发进入门槛较高。国家通过行政手段将潜在进入主体排除在市场之外,仅允许少数几家国有油气企业勘探开发,其他因特殊情况勘探开发天然气的企业产量占比极低。进入我国天然气上游产业,主要存在以下几个方面的难点:

1. 法律法规限制

《矿产资源法》《矿产资源开采登记管理办法》对天然气勘探开发资质进行了规定,明确了进行天然气勘探开发的准入条件,实际上能够获得国家认可,取得准入条件的企业仅有少数几家,因而国家事实上通过行政权力限制了社会多元主体进入天然气开采业进行勘探开采的可能。此外,我国认定煤层气与煤炭为两种不同的矿产,采用不同的管理方式,而实际上,两种资源往往共存。煤层气与煤炭开采权归属不同,导致煤层气与煤炭在开发方面面临困难,任意一种资源在优先开发时均不可避免损害另一种资源所有权方的利益。

2. 基础设施限制

我国初步形成了连通东西、贯穿南北的天然气管道运输网络体系,但是管道、储气库以及 LNG 接收站等基础设施均由中石油、中石化、中海油三家企业所有。国家已经放开了页岩气、煤层气等非常规天然气资源的开采,但是生产出来的非常规天然气如何通过管道网络系统运输给下游消费者,仍然是困扰天然气产业良性发展的一个难点。

3. 区块限制

天然气与非常规天然气在开采出来的天然气产品方面并无本质区别,只是由于赋存的地质条件不同。而国家将页岩气列为新矿种,主要目的是促进页岩气的开发利用,推动中国能源转型。天然气与页岩气在我国的地质存储中,大部分均彼此重合,仅有少部分区块分布不同。而国家在常规天然气的勘探开发方面已经开展了较长时间的工作,绝大部分区块都被分配给中石油、中石化、中海油三家集团公司。其他能够鼓励多元主体公开招标开采页岩气的区块较少,这在很大程度上限制了社会多元主体进入页岩气勘探开发领域。

4. 技术限制

当前,国家已经明确了放松非常规天然气领域勘探开发的限制,鼓励社会多元主体进入。但是事实是,经过多年的经营,中石油、中石化、中海油无论在经验方面还是在技术方面,相对于潜在的市场进入者均已形成了强大的优势。因而,要勘探开发非常规天然气,需要多元主体加强合作,特别是加强与国外油气企业的合作,形成资金、管理、技术、人才队伍优势互补的勘探开发团队,才能在未来非常规天然气勘探开发中占据优势。

(三) 准入必要性

长期以来,中国天然气开采业形成了寡头垄断的市场结构。从过去天然气产业的发展历史来看,垄断经营体制并未导致我国天然气产业发展停滞不前,而是推动了天然气开采业的发展,推动了管网基础设施的完善,对中国天然气产业的发展做出了重要贡献。部分学者认为对天然气开采业实行垄断经营有利于保障国家利益,避免开放准入后可能引起无序竞争、破坏资源、污染环境等情况。类似观点并非没有道理,但是从天然气开采业的本身特点来看,其并不存在明显的规模经济性以及范围经济性,因而其属于潜在的可竞争性业务。从这个角度来看,对可竞争性业务采取垄断经营,将会导致行业效率低下、生产成本高企等一系列问题。因此,对天然气开采业开放准入有其合理性,主要表现在:

1. 垄断导致行业效率低下

在天然气开采业由少数几家企业垄断经营时,为了防止垄断企业定价较高,政府对垄断企业的产品实行价格规制,尽管垄断企业不能任意改变产品价格,但是可以向相关主管部门申请提高价格以弥补正常经营。在主管部门与垄断企业信息不对称的情况下,主管部门往往会满足企业的发展要求。在位企业可凭借其垄断地位将生产成本转嫁给下游消费者,因而企业缺乏降低生产成本的内在动力,客观上降低了生产效率。因此,尽管天然气开采业发展迅速,但是仍然存在效率低下的问题。

2. 垄断限制了非常规天然气开采业的发展

由于天然气产业的垄断特征,天然气开采业企业开采出天然气产品,需要将其运输到下游消费地区,因而管道网络建设不可或缺。在天然气开采业得到不断发展的同时,管道网络基础设施建设也在不断完善,并基本上掌握在三家国有油气企业手中。非常规天然气开采业发展面临的一个重要问题就是运输问题,开采出来的非常规天然气需要通过管道运输到下游消费地区,而非常规天然气与常规天然气是高度替代的产品,在这种情况下要想进入与三大国有油气集团紧密相关的管道网络体系困难重重。此外,由于三大国有油气企业在勘探常规天然气时占据了大量的矿权,而非常规天然气与常规天然气在地质条件上有较多重叠的地方,也不利于非常规天然气的勘探开发。

3. 开放准入有利于提高天然气供应能力

2018年,中国天然气对外依存度为43%,已经远超国际能源安全警戒线 30％的标准,并且未来中国天然气对外依存度还有进一步上升的趋势。因此,提高天然气供应能力是十分有必要的。而开放准入能够调动上游企业的生产积极性,随着社会多元主体的进入,将会弥补原本三大油气企业勘探开发能力的不足,增加天然气企业勘探开发的力度。当社会多元主体在天然气开采业形成一定生产规模时,原本的在位企业将面临价格竞争的挑战,在整个行业内形成竞争的格局,为了获取行业利润,反过来会刺激企业进一步提高生产效率,增加产量。

4. 开放准入有利于提高国有油气企业的国际竞争力

鼓励社会多元主体进入天然气开采业环节,尤其是鼓励吸引外资、加强与外资在我国天然气开采业环节的合作,将给国有油气企业造成较大竞争压力。国有油气企业将借助这一机会,提升自身实力,在国内积累天然气开采经验与技术的同时,加大参与境外天然气资源的勘探开发,尤其是借助"一带一路"倡议,帮助他国勘探开发油气资源,也为我国提高利用境外天然气资源的能力提供保障。

5. 开放准入有助于我国扩大对外开放

对天然气开采业实行开放准入,有助于向国际社会传递我国深化体制改革、持续扩大对外开放的发展方向和决心。

二、中国天然气产业中游业务监管体制

天然气产业中游包括管道运输业、LNG 接收站以及储气库等,具有投资规模大、沉淀成本高等特点,具有明显的规模经济性以及范围经济性,属于典型的强自然垄断产业。因此,对天然气产业中游需要建立符合其产业特点的监督管理体制机制。

(一) 国内监管现状

国家对天然气产业中游,主要是管道运输业实行经济监管与技术监管两方面。这里着重讨论经济监管。经济监管包括价格监管以及非歧视准入

等。价格监管相关政策前文已有论述。因此,本部分主要介绍非歧视准入政策。

2010 年,国家出台《石油天然气管道保护法》,指出国务院能源主管部门主管全国管道保护工作,负责组织编制并实施全国管道发展规划,协调跨省、自治区、直辖市管道保护工作。

2014 年,国家发改委《天然气基础设施建设运营管理办法》,指出要加强天然气基础设施建设与运营管理,明确天然气基础设施建设和运营的责任单位,对天然气基础设施规划、建设的相关规范进行了明确,特别提出国家鼓励、支持各类资本参与投资建设纳入统一规划的天然气基础设施。国家对天然气基础设施建设资本来源多元化持鼓励态度,表明了国家对天然气基础设施建设持开放包容态度。

2014 年,国家能源局《油气管网设施公平开放监管办法(试行)》,提出要促进油气管网设施公平开放,提高油气管网设施利用效率,规范油气管网开放相关市场行为,建立公平、公正、有序的市场秩序。该法规定了油气管网的所有设施向用户开放,提供相关服务,并规定由国家能源局具体负责开放监管相关工作。该法明确了油气管网监管体制机制改革的方向,要提供非歧视准入服务,但是对非歧视准入的具体细则、技术规范以及不执行非歧视准入的惩罚措施等还不完善,非歧视准入的全面推行还面临困难。

2017 年,国家发改委《天然气发展"十三五"规划》,提出要继续加强政府监管,完善法律法规,实现管道第三方准入和互连互通,在保证安全运营条件下,任何天然气基础设施运营企业应当为其他企业的接入请求提供便利。

综上可知,国家对天然气基础设施的监管越来越完善,并提出了非歧视准入的改革方向。

(二)国外监管体制

从国外对天然气产业改革的经验来看,对于天然气产业中游的公开准入改革是天然气产业改革的关键。这里梳理了北美、欧洲地区发达国家天然气产业中游改革的相关经验。

1. 美国

受益于页岩气革命,美国从天然气净进口国转变为天然气净出口国。目前,美国是世界上天然气消费第一大国,同时也是率先发起天然气产业改革的国家之一,并且已经形成了高度竞争的天然气市场。在美国天然气产业改革的过程中,美国联邦能源监管委员会(FERC)发挥了重要作用。

1985 年,FERC 发布第 436 号令,提出鼓励管道公司提供无歧视的公开准入服务,对不同气源接入天然气管网均公平对待,保证了不同气源运输的公平性,打破了天然气产业的纵向一体化垄断。1992 年,FERC 发布第 636 号法令,提出强制管道公司提供无歧视公开准入服务,同时规范了管道公司的经营规范。第 436 号法令,仅表明了政府对于管道公司经营改革的方向,管道公司可决定是否提供无歧视的公开准入服务,而第 636 号法令,则明确要求了管道公司必须提供公开准入服务,具有强制性。

美国在对管道公司进行体制改革的同时,对管道业务进行分拆,最终形成 160 多家管道公司,然后辅之以价格规制改革,最终形成了多气源相互竞争的市场格局。美国天然气产量逐年提高,天然气价格水平逐渐降低,消费者剩余增加。

2. 欧盟

天然气对于欧盟是相对稀缺的资源,为了提高天然气资源的利用效率,欧盟决定进行体制改革,促进天然气产业的竞争性。1998 年,欧盟委员会颁布改革指令,对天然气产业进行改革,要对天然气产业进行纵向一体化拆分,避免天然气产业在不同环节实行交叉补贴,实行管网的第三方准入(TPA)。指令要求欧盟成员国需在两年内完成改革。2003 年,欧盟委员会颁布第二个改革指令,要求解除输气管网绑定业务,切实推进第三方准入。2009 年,欧盟委员会颁布第三个改革指令,要求进一步推进第三方准入。从欧盟成员国对天然气产业改革的历程来看,对天然气管道网络的体制改革,确保管道运输的无歧视准入是改革的重中之重。同时,三个改革指令持续 10 多年,均有推进第三方准入的要求。这也表明欧盟天然气产业体制推进第三方准入的难度较大。

从结果来看,欧盟通过三项天然气产业改革指令的推行,推动了欧盟内部天然气统一市场的形成,加强了欧盟天然气市场的联系,促进了天然气资源的流动性,提高了天然气资源的利用效率,有利于保障欧盟天然气的供应安全。

3. 俄罗斯

俄罗斯天然气资源丰富,探明可采储量居世界第一,天然气消费量为世界第二。与中国类似,俄罗斯天然气产业垄断程度较强,俄罗斯天然气工业股份公司(Gazprom)生产的天然气占俄罗斯产量的 90% 以上,同时拥有俄罗斯 100% 的输气干线。

鉴于 Gazprom 对俄罗斯的天然气输气管网垄断经营,俄罗斯政府对天然气基础设施监管主要是针对 Gazprom 公司。俄罗斯国内天然气价格较低,对出口天然气收取较高价格,以出口气价补贴国内气价。俄罗斯对国内天然气产业进行严格管制,出台了一系列政策措施,对天然气价格进行改革,但是主基调是调整天然气价格。2015 年开始,俄罗斯对天然气价格的管制重点是对管道运输价格的监管,对天然气管道运输管网的体制改革力度较弱,依然保留 Gazprom 公司的垄断地位。

与美国、欧盟对天然气产业的市场化改革不同,俄罗斯目前并未针对天然气产业进行市场化改革。俄罗斯对天然气产业改革的方向主要是保证天然气价格更加合理,是基于俄罗斯国情的微调。当前,俄罗斯对天然气产业的监管正在转向对管道运输费用的管控,有利于天然气的运输成本在合理区间内变动,有利于实现俄罗斯对于天然气产业改革的预期目标。

(三)监管问题分析

当前,我国天然气产业发展迅猛,原本的监管体制与快速发展的天然气产业之间形成了矛盾,迫切需要完善监管体制以适应快速发展的天然气产业的需求。我国对天然气产业基础设施监管不足主要表现在以下几个方面:

1. 监管权力分散,监管力量不足

我国对天然气产业基础设施的监管权力并不集中,而是分散在国家发改委、国家能源局、地方人民政府天然气主管部门等多个政府部门之中。不同部门依据权力对天然气产业基础设施制定发展规划、监管措施等,形成了事实上的多头管理,容易导致政出多门,对天然气产业基础设施的发展造成困扰。此外,我国对天然气产业基础设施的监管力量不足。根据相应法律法规,国家能源局负责天然气基础设施开放准入监管工作,而在实际执行过程中,国家能源局面临人员力量不足、监管手段较少、惩罚措施较弱等问题,难以真正实现对天然气基础设施的监管。

2. 监管重点发生变化

我国对天然气产业改革的目标是放开两头、管住中间。近年来,对天然气的定价已经从成本加成法向市场净回值法转变。在成本加成法定价的条件下,政府对天然气的出厂价格以及管道运输费用均是按照成本加成的方式进行管制,同时对天然气基础设施实行"老线老价""新线新价"的价格规制,对不同管线的价格规制并不相同,导致不同天然气管道管输费用存在差异。在市场净回值法定价的条件下,政府只对门站价格进行管制,部分放开了出厂价格管制,加强了管道运输费用的价格规制。这就为国家下一步将天然气产业上游与中游进行拆分提供了基础。随着国家允许社会多元资本进入非常规天然气的勘探开发,气源供应主体将会越来越多元化。气源供应主体与基础设施供应企业的利益不再捆绑,更要加强天然气基础设施供应方的监管,否则其可能会采取歧视性的准入,对不同气源收取不同的基础设施服务费,甚至拒绝为部分气源提供服务,影响天然气产业健康可持续发展。

3. 监管法律法规有待完善

我国对天然气监督管理的法律法规主要是《石油天然气管道保护法》

《天然气基础设施建设运营管理办法》《油气管网设施公平开放监管办法（试行）》。这些法律规范，规定了天然气基础设施的主管部门，规范了天然气基础设施的规划、建设、运营等，并且确定了第三方准入的改革方向。目前，对天然气基础设施第三方准入的配套细则还不完善，虽然明确了基础设施要实行第三方准入，但如何具体实行、操作、监管以及惩罚措施等，均未具体规定。

三、中国天然气产业下游业务监管体制

天然气产业下游是天然气到达门站以后，由地方经销商销售给下游用户的所有业务。

(一) 国内监管现状

由于天然气产业下游业务主要是通过城市燃气管网将天然气输送给下游用户，城市燃气管网建设具有较大的沉淀成本，且具有规模经济性，属于自然垄断行业。为了提高企业的经营效率，地方政府往往仅允许少数企业进行经营。市场准入监管即是为了控制在位企业数量的监管方式，是所有经济监管的基础，决定了哪些企业能够进入城市燃气业开展经营。

城市燃气业的特点决定了必须实行市场准入监管。一是避免重复投资。城市燃气业经营需要建设大量的配气管网，若多家企业参与运营，会导致管网建设重叠，降低行业的经营效率，造成资源浪费，不利于行业的可持续发展。二是确保供应稳定。城市燃气业消费者众多，涉及居民、工商业用户，燃气的持续稳定供应对于保证城市的正常运转至关重要，频繁更换燃气经营企业，不利于燃气市场的稳定。三是提高经营效率。准入监管意味着准许潜在的企业进入，对在位企业形成潜在的竞争压力，在位企业将努力提高经营效率，降低运营成本。目前，我国对城市燃气业的市场准入监管制度主要是特许经营制度，即要进入城市燃气业进行经营，必须获得政府监管部门的准许，进而获得经营许可证。

在我国城市燃气业发展的初期,气源以人工煤气与液化石油气为主,燃气公司由地方政府出资,类似于国有企业性质。2004 年,建设部发布《市政公用事业特许经营管理办法》,提出公用事业特许经营,城市供气行业适用本办法;同时对特许经营权竞标者的资格条件进行了限定,包括:企业法人是否依法注册,是否拥有相应设施、设备,是否具备偿债能力,是否具有良好的银行资信,财务状况以及经营方案是否可行等。政府组织相应企业参与城市燃气业的竞标,并与最终获取经营权的企业签订特许经营协议。2010 年,国务院发布《城镇燃气管理条例》,指出国家对燃气经营实行许可证制度,由县级以上地方人民政府燃气管理部门核发燃气经营许可证。

(二) 国外监管经验

1. 美国

美国对天然气产业下游的监管与 1992 年美国联邦能源监管委员(FERC)会发布的 636 号法令有较大关系,该法令提出要强制管道公司提供无歧视公开准入服务,使得下游天然气配气业务分拆为管道输送以及零售两大业务。

FERC 对天然气产业下游的监管分为两个方面:一是对下游配气公司实行特许经营权制度,限制特定地区的经营公司,为管制对象提供保护,使得下游配气公司能够获得合理回报,从而收回经营成本;二是监管机构对配气公司的配气价格进行严格管制,从而防止配气公司利用其垄断地位获取垄断利润。

美国对天然气产业的监管延伸到了下游,使得管道运输与销售业务在天然气产业的下游也进行了分离,这与中国天然气产业下游捆绑销售的现状有所不同。但是,对地方配气公司进行限制,只有取得经营许可的企业才可以进入天然气产业下游环节,这与中国实行的特许经营权或许可证制度类似。

2. 英国

英国燃气业的主管部门是工业贸易部,其下属的天然气供应委员会(DGSS)负责管理天然气产业。1995 年《燃气法》规定了英国对燃气业的监管框架以许可证为基础,许可证分为运输商许可证、承运商许可证、供应商许可证。

与美国不同,英国的运输商许可证制度并非特许经营权的概念,在某一地域内拥有运输许可权并不意味着拥有运输的垄断地位,在某一区域可以允许有多个运输许可证。拥有运输许可证的企业不能承接供气业务,拥有承运商许可证的企业可以拥有供应许可证,可以采购天然气,委托运输商运输到消费地。供应商也可以相互交易,只需要向运输商支付运输费用,从而实现天然气的自由流动。

3. 日本

日本天然气产业相对特殊,其国内天然气资源稀缺,天然气基本上全部依赖进口,因而 LNG 接收站设施比较完善,天然气管网也围绕此建设。日本天然气产业受能源贸易工业部(METI)监管,并出台《燃气法》,对天然气产业的不同环节进行了规范。近年来,日本天然气产业改革提速,对燃气业的改革也取得了良好的成效。

1999 年,日本修订《燃气公用事业法》,降低了竞争门槛,对超过一定数量需求的用户可直接与供应商议价,在一定范围内形成竞争。同时规定,城市燃气管网实行第三方公平准入(TPA),配送费用按照一定规范收取,这一规定使得燃气大用户的直供得到保障。2004—2007 年,日本进一步降低市场竞争门槛,使得燃气市场竞争程度增加。而对中小用户而言,政府采取"两部制"价格管制方式,同时采取阶梯价格方式,对用气量大的用户收取优惠价格。随后,日本城市燃气改革进程加快。2015 年,日本对《燃气公用事业法》再次修订,规定 2017 年城市燃气实行全面自由化。

日本对城市燃气的规制改革,经历了严格的规制到逐步放松,最终改善了城市燃气企业运营效率,降低了城市燃气价格。

(三) 监管问题分析

自从我国城市燃气业实行特许经营制度以来,城市燃气业发展迅速,形成了以天然气、液化石油气多种气源为主体的供应格局,市场规模不断扩大,投资主体呈现多元化,城市燃气管网不断完善。但是,应该认识到我国城市燃气业监管体制有待完善,还存在以下问题:

1. 监管不透明

从当前国家对城市燃气业的监管政策来看,已经形成了相对规范的政策监管体系;但是在监管实际执行过程中,政策的制定、项目的审批以及竞标的组织等各项制度在执行过程中缺乏透明度,监管部门的信息公开工作不到位,难以让社会公众信服。同时,行业的特许经营权牵涉利益巨大,本身就容易产生权力寻租和腐败行为,再加上监管的不透明,也容易导致公信力下降。

2. 监管能力不足

负责城市燃气管网监管的部门包括国务院主管部门,县级以上地方人民政府燃气管理部门,安监、质检、消防等其他部门。燃气设施项目需要多部门审批,不同部门均需按照自身工作流程完成审批工作,其间程序繁杂,所需审批时间过长。此外,尽管监管部门对燃气业相关项目进行审批,由于存在信息不对称,监管部门难以准确识别项目本身存在的成本不实问题,加上监管部门在专业性、技术性等方面的欠缺,不能准确识别项目中存在的诸多专业技术性问题。

3. 法律法规不健全

在《市政公用事业特许经营管理办法》中指出政府与企业签订特许经营协议,违反协议一方需要向另一方赔偿,但是赔偿标准缺失,也没有规定对拒绝赔偿的惩罚措施,在《城镇燃气管理条例》中,更是缺失了政府与企业不履行许可证的惩罚措施、标准以及法律责任等。这就难以保证获得特许经营权以及许可证企业的利益,城镇燃气业健康可持续发展面临挑战。

4. 企业与监管者界限模糊

国家在城镇燃气业实行特许经营权和许可证制度后,获得特许经营权和许可证的企业在每一个特定城市,均是该地区的垄断经营者。在城镇燃气业务的实际工作中,监管部门对燃气业进行指导,要求燃气企业按照阶梯价格对居民进行收费。政府监管部门与被监管企业存在较大关联,很大程度上源于燃气公司的性质。国有企业更加容易获取特许经营权以及许可证,更加弱化了企业与监管者的界限。

第四节　小　　结

本章对中国天然气价格规制改革进行了全面回顾,对天然气产业上、中、下游环节发展现状及面临的问题进行梳理,对价格规制改革以及监管体制改革等方面的进展以及难点进行了分析。

天然气产业具有规模经济性、范围经济性,属于自然垄断产业。但是西方发达国家对天然气产业的规制改革表明,仅天然气产业的管道运输环节属于自然垄断业务,而天然气的生产以及销售均属于(潜在)竞争性业务。因此,应首先对天然气产业进行体制改革,放开天然气产业可竞争性业务的准入限制,同时对天然气产业的自然垄断业务进行严格规制,确保天然气产业垄断业务的规模经济性。我国目前对天然气产业的体制改革正在朝这一方向努力,在各种改革规范性文件中提出了要放开天然气开采业的准入限制,同时还要实行第三方准入。在最近的改革动向中,已于2019年12月建立国家管道公司,彻底将油气管道运输业务从三大石油天然气集团公司中分离出来。然而改革的相关配套政策不健全,改革的效果不明显,天然气开采业仍然掌握在中石油、中石化、中海油手中,管道运输业第三方准入停留于规范文件中,尚未真正实现无歧视准入,对天然气产业的上游发展造成不利影响。

中国天然气价格改革正在逐步推进,改革的最终目标是放开两头、管住中间,即要放开天然气产业上游以及下游的价格,由市场竞争形成,仅对具有自然垄断特征的管道运输业进行价格规制。当前,中国对天然气价格的规制模式是市场净回值定价法。采用该定价法后,天然气的价格能够在一定程度上反映下游市场的供需变化,也能够反映其与可替代能源价格的比价关系。然而,实行市场净回值定价法后,政府对天然气的价格规制从出厂价格转移到门站价格上来,相当于将天然气的出厂价格与管道运输价格进行了绑定,这与中国天然气产业体制改革的方向并不匹配。

从国外天然气产业价格规制改革的进程来看,首先是针对天然气产业的结构性改革,然后才是对天然气产业进行价格规制改革,最后形成充分竞争的天然气市场。我国目前的天然气价格规制改革与天然气产业结构性改革也在同时推进,但是天然气产业结构性改革相对缓慢,不利于进一步推进天然气产业价格规制改革,离天然气价格改革的最终目标还有较大距离。

第四章
中国可计算一般均衡模型

　　一般均衡理论始于 19 世纪 70 年代法国经济学家瓦尔拉斯撰写的《纯粹经济学要义》。瓦尔拉斯在书中阐述了经济系统内部不同要素之间复杂的相互依存关系,提出了在经济系统内,存在一组价格使得经济体系内的各种市场(产品市场、要素市场)能够达到供需平衡的状态。由于该理论高度抽象,其发展一度停滞,直到 20 世纪 50 年代,学者采用不动点定理证明了一般均衡的存在性。随后,由于模型方程体系不断完善以及计算机的应用普及使得一般均衡理论得到深入发展,逐步形成了可计算一般均衡模型。之后,一般均衡模型不断得到拓展,在各领域开始迅速发展和应用。

第一节　理　论　基　础

一、什么是一般均衡

　　总体而言,经济学最核心的问题是解决稀缺资源的分配问题,是决定如何引导稀缺资源流向对其支付意愿最高的部门或消费者的特定机制(市场机制)。市场机制的运行取决于不同特点市场参与者的生产行为和消费行为,其均服从于供需定律。一般情况下,经济主体主要包括居民、企业以及政府,不同经济主体通过特定的市场交易机制发挥作用。

居民既是要素的供给者也是商品消费者,其在要素市场上获取劳动收入以及资本收入,在商品市场上购买商品维持生存需求。居民具有劳动与资本两种要素,不同居民户会在提供劳动与资本赚取收益时进行权衡,从而获取最大化的收入;同时居民将会在现在消费与未来消费之间做出选择,从而对消费商品的数量以及储蓄的数量进行合理安排。在提供要素方面,如果居民户是理性的,其提供的劳动与资本的边际收益应相等;在商品消费方面,居民消费商品的原则是使其效用最大化,即在当前收入水平约束下,购买的商品组合是其效用最大化的商品组合。当然,不同的居民消费与要素提供行为会有差异,影响这种差异的因素包括文化差异、地域差异、季节差异以及禀赋差异等。比如,对于不同国家的居民而言,文化差异可能决定了居民在提供劳动与资本时的选择存在不同,在商品消费时也有差异,有的居民群体偏爱旅行,而有的居民群体则更加注重饮食。

企业是不同生产资料以及要素的需求者和购买者,它将不同生产资料以及要素组织起来,开展生产活动,并通过市场交易机制将生产的产品销售出去。企业的目标是生产成本的最小化以及利润的最大化。因此,企业在组织生产活动时,将会使得不同投入要素的边际成本均相等;而在开展销售活动时,将会按照不同商品的边际收益均相等原则进行安排。对于具体的企业生产方式,也存在差异性,原因在于企业在现实社会市场机制运行条件下,面临诸多具体问题,包括不完全信息、技术水平差异以及行业差异等。比如,通信企业与能源企业、食品企业,其在生产资料的投入以及要素的需求方面存在较大差异。

政府是市场机制的调节者,通过制定一系列法律规范设置相关监管机构以维护市场机制正常运行,同时政府通过税收、补贴以及财政转移支付等方式平衡地区发展差异,促进收入分配公平,保持社会经济健康可持续发展。市场机制并不是万能的,而是存在市场失灵的情况,当出现市场失灵时,资源不能够有效配置,对社会整体福利造成损失。政府通过实行针对性的政策,纠正市场失灵的状况,从而使得资源配置更加有效率。例如,政府对垄断企业实行价格规制、提供社会公共物品、对低收入居民进行补贴、实施生态补偿以及征收环境税等政策,均弥补了市场机制的不足,从而保证了社会经济的健康发展。

在市场机制中,居民以及企业是市场的主要参与者,政府则是市场机制的调节者。分析市场机制中,不同参与者之间的影响机理,可以将市场参与者分为供给方和需求方。居民以及企业均扮演双重角色,既是供给方也是需求方,在一定条件下可以相互转化。在要素市场中,居民是要素的供给方,为企业提供劳动力以及资本,企业是要素的需求方,通过支付要素报酬,获取生产所必须的基本要素;在商品市场上,居民是商品的需求方,需要购买商品以满足自身的生活需求,而企业既可以是产品的供给方也可以是产品的需求方,一方面提供给经济主体所生产的商品,另一方面部分企业也需要购买其他企业生产的商品作为本企业的生产原料投入。在市场机制中,不同经济主体均依赖于各自的禀赋特征参与生产、消费,均是市场机制中不可或缺的参与者。而在各种交易过程中,价格则起到了引导不同要素、产品自由流动的重要作用。当要素市场以及产品市场中的价格使得市场上的供需均衡时,市场就达到了局部均衡状态,当所有的市场均处于这种均衡时,就达到了一般均衡状态。

一般而言,完全竞争市场是市场机制实行的理想状况。在完全竞争市场条件下,能够提高生产效率,提高资源配置效率,增加社会福利,达到帕累托最优状态。在完全竞争市场条件下达到的市场均衡状态又称为瓦尔拉斯均衡。通常情况下,我们所研究的"标准的"一般均衡模型正是基于完全竞争的基本假定。在这一假定条件下:第一,生产者是利润最大化或成本最小化的,仅能获得正常利润而不能获得超额利润;第二,消费者是效用最大化的,消费者根据其总收入,决定其储蓄以及可支配收入,并在其可支配收入条件限制下,购买各种商品组合;第三,市场是完全信息化的,这是一个动态的调整过程,每一个市场参与者均会通过价格机制影响整个经济体系,当外部发生冲击时,市场价格体系发生变化,直到供需平衡,达到新的均衡状态为止。

二、一般均衡的存在性

在局部均衡市场条件下,某种商品或要素的供给和需求仅取决于其本身的价格,而与经济体系内其他商品或要素的价格无关。而在一般均衡市场条件下,整个经济体系是相互联系的经济系统,任一商品或要素的供给和需求不仅取决于其本身,还取决于经济体系内的其他商品或要素,均衡价格和均衡数量是所有经济主体在市场中相互作用的结果。瓦尔拉斯对一般均衡的探索是逐渐深入的。他首先集中考察所谓交换的一般均衡,随后考察了生产(以及交换)的一般均衡,最后考察了关于"资本积累"的一般均衡。尽管瓦尔拉斯最先提出了一般均衡理论,但是他关于一般均衡存在性的证明有待商榷。

随着数学的发展,经济学家采用集合论、拓扑数学等数学方法,在相当严格的假定条件下证明了一般均衡存在均衡解,同时能够满足经济效率的要求且具有稳定状态。这些假定条件包括:任何厂商均不存在规模报酬递增,每一种商品的生产至少必须使用一种原始生产要素,任何消费者所提供的原始生产要素都不得大于它的初始存量,每个消费者都可以提供所有的原始生产要素,每个消费者的序数效用函数都是连续的,等等。基于一系列严格假定条件,一般均衡体系就存在均衡解。

一般均衡模型正是基于一般均衡理论发展而来的。瓦尔拉斯指出,在其他所有市场供给和需求均达到均衡状态后,最后一个市场也是均衡的。因此,在一般均衡模型体系中,对所有市场均衡状态的刻画将会使得模型的方程体系较实际需要的方程多出一个,因而在计算时应该剔除这一多余方程,同时选取模型的一个固定价格作为基准价格,从而解决一般均衡模型中的相对价格市场出清问题。

三、一般均衡模型的优缺点

可计算一般均衡模型通过一系列方程描述了经济体系各种商品以及要素价格、数量的关系,同时能够通过价格调整反映经济体系内部不同经济主体的行为变化。在生产者利润最大化、消费者效用最大化等一系列约束条件下,能够通过方程体系求出在均衡状态时各产品以及要素的数量及对应的价格,也能通过市场竞价机制求解得出当面临外部冲击时经济体系调整到新的均衡状态时各变量的数值。因此,可计算一般均衡模型能够对政策进行模拟实验,模拟当经济体系面临外部冲击时可能产生的影响,从而使得政策决策者意识到政策实施带来的经济效果,进而优化政策决策。由于可计算一般均衡模型具有辅助政策决策的特征,迅速得到世界各国学者和政策决策者的重视,成为政策分析领域的重要工具。可计算一般均衡模型在具有优点的同时,也存在着某些缺点。

(一)可计算一般均衡模型的优点

可计算一般均衡模型的优点在于其对经济系统的完整刻画,能够模拟外部冲击对经济系统各变量产生的影响,相对于局部均衡模型、投入产出模型、计量经济模型等具有一定优势。

1. 相对局部均衡模型

局部均衡分析通常研究局部市场的均衡,其仅关注局部市场商品或要素的均衡状态,对其他市场的影响并不在考虑范围之内。而可计算一般均衡模型能够将整个经济体系考虑进来,刻画了不同市场之间的相互作用关系,强调的是所有商品以及要素市场的均衡,因而单一市场均衡的状态变化对其他市场均衡也会产生影响。可计算一般均衡模型比局部均衡模型更具系统性、整体性,也更符合实际。

2. 相对投入产出模型

投入产出模型也能够对经济系统进行全面刻画,但是投入产出模型假定价格固定不变,限制了价格对于调节市场供求变化的重要作用。此外,投入产出模型往往采用线性函数刻画经济行为,不能体现经济行为的非线性特征。可计算一般均衡模型相对于投入产出模型,其将价格引入模型体系,并采用非线性函数描述经济行为,更加符合实际。此外,可计算一般均衡模型还包含了更多的收入分配信息,剖析了居民、企业以及政府之间的收入分配行为,包含了经济体系更丰富的信息。

3. 相对计量经济模型

计量经济模型通过历史数据对经济变量之间的关系进行估计,对历史数据具有较强的依赖,而对于类似中国的发展中国家,统计体系以及相关规范刚开始建立,较长时间的历史数据并不充分。此外,计量经济模型缺乏经济理论基础,在部分模型设定方面具有较强的主观依赖性,不同学者在设定计量模型时所选取的方程形式并不相同。而可计算一般均衡模型是基于严格的经济学理论基础,从而通过一系列方程体系对各种经济主体的相关作用关系进行详细刻画,同时其对于历史数据依赖性较弱,可解决发展中国家历史数据缺乏的问题。

(二) 可计算一般均衡模型的缺点

与其他经济模型类似,可计算一般均衡模型也存在一些缺点,在运用该模型时需要注意。

一是可计算一般均衡模型假定市场是完全竞争的。在完全竞争的假定下,企业只能获取正常利润,消费者福利最大化,市场是具有效率的。然而,现实情况是许多行业并不是完全竞争的,而是处于垄断或垄断竞争的状态。

二是可计算一般均衡模型的参数设定具有主观性。可计算一般均衡模型的参数难以直接获得,一部分参数通过 SAM 表中的基础数据校准得到,另一部分参数则是通过查阅相关文献得到,也有学者通过计量模型估算得到。因此,模型参数在一定程度上影响了模型模拟结果的真实性和合理性。

三是可计算一般均衡模型可能存在误差。在校准可计算一般均衡模型的参数时,通常以某一年的投入产出数据作为基期,而并不能确保投入产出中的数据完全正确,因而投入产出表的随机错误可能会影响模型的输出结果,而这一点在动态可计算一般均衡模型中体现得更加明显。

第二节　模型构建

一、部门划分

本书建立的中国天然气可计算一般均衡模型,根据 2017 年投入产出表,将 149 部门基本流量表合并整理为 13 部门,部门之间的对应关系如表 4－1 所示。

表 4－1　模型部门划分

	部　门	2017 年 149 部门代码
1	天然气开采业	07
2	石油开采业	07
3	煤炭开采、洗选和加工业	06,42
4	石油加工及核燃料加工业	41
5	燃气生产和供应业	99
6	电力、热力的生产和供应业	98
7	农林牧渔业	01—05
8	化学工业	43—53
9	建筑业	101—104
10	交通运输、仓储和邮政业	107—118
11	轻工业	12—40,54—60,96,100
12	重工业	8—11,61—95
13	服务业	97,105,106,119—149

在 2017 年投入产出表中,石油和天然气开采产品被归并到一个产业中。本书参考 1997 年 124 部门分类表,并结合相关数据,将石油和天然气开采产品拆分成天然气开采业和石油开采业。

二、方程体系

(一) 基本的可计算一般均衡模型构建

为了能够分析天然气价格规制政策变动对环境经济体系产生的影响,本章建立了一个中国天然气可计算一般均衡模型。模型主要包括生产模块、贸易模块、机构模块、均衡模块、环境模块,模型基本结构如图 4-1 所示。

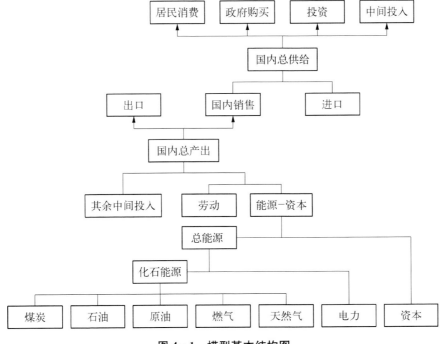

图 4-1 模型基本结构图

1. 生产模块

模型假定市场是完全竞争的,不同产业部门的产出水平由市场均衡条件决定。生产行为采用里昂惕夫生产函数以及常替代弹性(CES)生产函数表示。在生产模块中,生产结构采用五层嵌套函数来刻画。在第一层次,能源-资本-劳动与中间投入以组合函数的形式形成总产出。在第二层次,包括两个方面:一方面将能源-资本的合成要素和劳动以常替代弹性函数形式合成为部门的总产出;另一方面中间投入以里昂惕夫函数形式形成总产出。在第三层次,总能源与资本以常替代弹性函数形式合成能源-资本束。第四层次,化石能源与电力以常替代弹性函数形式合成总能源。第五层次,天然气、煤炭、石油、原油、燃气以常替代弹性函数形式合成化石能源。

第一层次,组合生产函数,由能源-资本-劳动与中间投入合成。

$$QA_c = \begin{cases} min\left(\dfrac{QINT_{ac}}{ia_{ac}}\right) \\ \alpha^{EKL}\left[\delta_1^{EKL}EK_c^{\frac{\gamma_{4c}-1}{\gamma_{4c}}} + (1-\delta_1^{EKL})L_c^{\frac{\gamma_{4c}-1}{\gamma_{4c}}}\right]^{\frac{\gamma_{4c}}{\gamma_{4c}-1}} \end{cases}$$

第二层次,主要是对第一层次函数的详细描述,能源-资本束与劳动通过常替代弹性函数形成总产出。

$$min: PA_c^F \cdot QA_c = PEK_c \cdot EK_c + W \cdot L_c$$

$$st: QA_c = \alpha^{EKL}\left[\delta_1^{EKL}EK_c^{\frac{\gamma_{4c}-1}{\gamma_{4c}}} + (1-\delta_1^{EKL})L_c^{\frac{\gamma_{4c}-1}{\gamma_{4c}}}\right]^{\frac{\gamma_{4c}}{\gamma_{4c}-1}}$$

解得:

$$EK_c = \frac{PA_c^F \cdot QA_c}{P_{EKc}} \cdot \frac{\delta_1^{EKL\,\gamma_{4c}} \cdot P_{EK_c}^{1-\gamma_{4c}}}{\delta_1^{EKL\,\gamma_{4c}} \cdot P_{EK_c}^{1-\gamma_{4c}} + (1-\delta_1^{EKL})^{\gamma_{4c}} \cdot W^{1-\gamma_{4c}}} \quad (4.1)$$

$$L_c = \frac{PA_c^F \cdot QA_c}{W} \cdot \frac{(1-\delta_1^{EKL})^{\gamma_{4c}} \cdot W^{1-\gamma_{4c}}}{\delta_1^{EKL\,\gamma_{4c}} \cdot P_{EK_c}^{1-\gamma_{4c}} + (1-\delta_1^{EKL})^{\gamma_{4c}} \cdot W^{1-\gamma_{4c}}} \quad (4.2)$$

$$PA_c^F = \frac{1}{\alpha^{EKL}} \cdot (\delta_1^{EKL\,\gamma_{4c}} \cdot P_{EK_c}^{1-\gamma_{4c}} + (1-\delta_1^{EKL})^{\gamma_{4c}} \cdot W^{1-\gamma_{4c}})^{\frac{1}{1-\gamma_{4c}}} \quad (4.3)$$

中间投入以里昂惕夫函数形式形成总产出,则有:

$$QA_c = min\left(\frac{QINT_{ac}}{ia_{ac}}\right)$$

由该式,可得:

$$QINT_{ac} = ia_{ac} \cdot QA_c \qquad (4.4)$$

第三层次,总能源与资本以常替代弹性函数形式合成能源-资本束。

$$min: P_{EKc} \cdot EK_c = P_{Ec} \cdot E_c + R \cdot K_c$$

$$st: EK_c = \alpha^{EK} \left[\delta_1^{EK} E_c^{\frac{\gamma_{3c}-1}{\gamma_{3c}}} + (1-\delta_1^{EK}) K_c^{\frac{\gamma_{3c}-1}{\gamma_{3c}}} \right]^{\frac{\gamma_{3c}}{\gamma_{3c}-1}}$$

解得:

$$E_c = \frac{P_{EKc} \cdot EK_c}{P_{Ec}} \cdot \frac{\delta_1^{EK\,\gamma_{3c}} \cdot P_{Ec}^{1-\gamma_{3c}}}{\delta_1^{EK\,\gamma_{3c}} \cdot P_{Ec}^{1-\gamma_{3c}} + (1-\delta_1^{EK})^{\gamma_{3c}} \cdot R^{1-\gamma_{3c}}} \qquad (4.5)$$

$$K_c = \frac{P_{EKc} \cdot EK_c}{R} \cdot \frac{(1-\delta_1^{EK})^{\gamma_{3c}} \cdot R^{1-\gamma_{3c}}}{\delta_1^{EK\,\gamma_{3c}} \cdot P_{Ec}^{1-\gamma_{3c}} + (1-\delta_1^{EK})^{\gamma_{3c}} \cdot R^{1-\gamma_{3c}}} \qquad (4.6)$$

$$P_{EKc} = \frac{1}{\alpha^{EK}} \cdot (\delta_1^{EK\,\gamma_{3c}} \cdot P_{Ec}^{1-\gamma_{3c}} + (1-\delta_1^{EK})^{\gamma_{3c}} \cdot R^{1-\gamma_{3c}})^{\frac{1}{1-\gamma_{3c}}} \qquad (4.7)$$

第四层次,化石能源与电力以常替代弹性函数形式合成总能源。

$$min: P_{Ec} \cdot E_c = P_{ENc} \cdot EN_c + P_{ELc} \cdot EL_c$$

$$st: E_c = \alpha^E \left[\delta_1^E EN_c^{\frac{\gamma_{2c}-1}{\gamma_{2c}}} + (1-\delta_1^E) EL_c^{\frac{\gamma_{2c}-1}{\gamma_{2c}}} \right]^{\frac{\gamma_{2c}}{\gamma_{2c}-1}}$$

解得:

$$EN_c = \frac{P_{Ec} \cdot E_c}{P_{ENc}} \cdot \frac{\delta_1^{E\,\gamma_{2c}} \cdot P_{ENc}^{1-\gamma_{2c}}}{\delta_1^{E\,\gamma_{2c}} \cdot P_{ENc}^{1-\gamma_{2c}} + (1-\delta_1^E)^{\gamma_{2c}} \cdot P_{ELc}^{1-\gamma_{2c}}} \qquad (4.8)$$

$$EL_c = \frac{P_{Ec} \cdot E_c}{P_{ELc}} \cdot \frac{(1-\delta_1^E)^{\gamma_{2c}} \cdot P_{ELc}^{1-\gamma_{2c}}}{\delta_1^{E\,\gamma_{2c}} \cdot P_{ENc}^{1-\gamma_{2c}} + (1-\delta_1^E)^{\gamma_{2c}} \cdot P_{ELc}^{1-\gamma_{2c}}} \qquad (4.9)$$

$$P_{Ec} = \frac{1}{\alpha^E} \cdot (\delta_1^{E\,\gamma_{2c}} \cdot P_{ENc}^{1-\gamma_{2c}} + (1-\delta_1^E)^{\gamma_{2c}} \cdot P_{ELc}^{1-\gamma_{2c}})^{\frac{1}{1-\gamma_{2c}}} \qquad (4.10)$$

第五层次,天然气、煤炭、石油、原油、燃气以常替代弹性函数形式合成化石能源。

$$min: P_{ENc} \cdot EN_c = PQ_1 \cdot EN_{1c} + PQ_2 \cdot EN_{2c} + PQ_3 \cdot EN_{3c}$$
$$+ PQ_4 \cdot EN_{4c} + PQ_5 \cdot EN_{5c}$$

$$st: EN_c = \alpha^{EN} \Big[\delta_1^{EN} EN_{1c}^{\frac{\gamma_{1c}-1}{\gamma_{1c}}} + \delta_2^{EN} EN_{2c}^{\frac{\gamma_{1c}-1}{\gamma_{1c}}} + \delta_3^{EN} EN_{3c}^{\frac{\gamma_{1c}-1}{\gamma_{1c}}}$$
$$+ \delta_4^{EN} EN_{4c}^{\frac{\gamma_{1c}-1}{\gamma_{1c}}} + \delta_5^{EN} EN_{5c}^{\frac{\gamma_{1c}-1}{\gamma_{1c}}} \Big]^{\frac{\gamma_{1c}}{\gamma_{1c}-1}}$$

解得：

$$EN_{ac} = \frac{P_{ENc} \cdot EN_c}{PQ_a} \cdot \frac{\delta_a^{EN \, \gamma_{1c}} \cdot PQ_a^{1-\gamma_{1c}}}{\sum\limits_{a=1}^{5} \delta_a^{EN \, \gamma_{1c}} \cdot PQ_a^{1-\gamma_{1c}}} \tag{4.11}$$

$$P_{ENc} = \frac{1}{\alpha^{EN}} \cdot \Big(\sum_{a=1}^{5} \delta_a^{EN \, \gamma_{1c}} \cdot PQ_a^{1-\gamma_{1c}} \Big)^{\frac{1}{1-\gamma_{1c}}} \tag{4.12}$$

根据产品以及要素的生产投入关系，可得部门产品的单位成本如下所示：

$$PA_c^P = \sum ia_{ac} \cdot PQ_a + (P_{EKc} \cdot EK_c + W \cdot L_c)/QA_c \tag{4.13}$$

在单位成本之上，加上生产税净额，即为部门产品的基本价格，可由下式所示：

$$PA_c = (1 + t_c^P) \cdot PA_c^P \tag{4.14}$$

根据上述生产关系中涉及的变量与参数，可由表 4-2 所示。

表 4-2　生产模块变量及参数说明

序号	变量	变 量 定 义	序号	参数	参 数 定 义
1	EN_c	化石能源复合品	1	δ_a^{EN}	化石能源复合品中第 a 种能源的份额参数
2	P_{ENc}	化石能源复合品的价格	2	α^{EN}	化石能源复合品的规模系数

续 表

序号	变量	变 量 定 义	序号	参数	参 数 定 义
3	EN_{ac}	第 c 种化石能源品	3	γ_{1c}	第 c 个产业的化石能源产品之间的替代弹性
4	PQ_a	第 a 种化石能源的价格	4	δ_1^F	能源复合品中化石能源的份额参数
5	E_c	能源复合品	5	α^E	能源复合品的规模系数
6	P_{Ec}	能源复合品价格	6	γ_{2c}	第 c 个产业的化石能源产品复合品与电力能源之间的替代弹性
7	EL_c	电力能源	7	δ_1^{EK}	能源资本复合品中能源的份额参数
8	P_{ELc}	电力能源价格	8	α^{EK}	能源资本复合品的规模系数
9	EK_c	能源资本复合品	9	γ_{3c}	第 c 个产业的能源复合品与资本之间的替代弹性
10	P_{EKc}	能源资本复合品价格	10	δ_1^{EKL}	能源-资本-劳动复合品中能源-资本的份额参数
11	K_c	资本	11	α^{EKL}	能源-资本-劳动复合品的规模系数
12	R	资本价格	12	γ_{4c}	第 c 个产业的能源复合品与资本之间的替代弹性
13	L_c	劳动	13	ia_{ac}	直接消耗系数
14	W	劳动价格	14	t_c^P	第 c 个产业的生产税税率
15	QA_c	行业总产出			
16	$QINT_{ac}$	中间投入			
17	PA_c^P	单位成本			
18	PA_c	基本价格			

2. 贸易模块

本模型接受阿明顿假设,国内产品与进口产品具有不完全替代性。则有:

$$min: PX_c \cdot QX_c = PDA_c \cdot QDA_c + PE_c \cdot QE_c$$

$$st: QX_c = \alpha_c^t \left[\delta_c^t QDA_c^{\frac{\gamma_c^t-1}{\gamma_c^t}} + (1-\delta_c^t) QE_c^{\frac{\gamma_c^t-1}{\gamma_c^t}} \right]^{\frac{\gamma_c^t}{\gamma_c^t-1}}$$

解得：

$$QE_c = \frac{PX_c \cdot QX_c}{PE_c} \cdot \frac{(1-\delta_c^t)^{\gamma_c^t} \cdot PE_c^{1-\gamma_c^t}}{\delta_c^{t\gamma_c^t} \cdot PDA_c^{1-\gamma_c^t} + (1-\delta_c^t)^{\gamma_c^t} \cdot PE_c^{1-\gamma_c^t}} \quad (4.15)$$

$$QDA_c = \frac{PX_c \cdot QX_c}{PDA_c} \cdot \frac{\delta_c^{t\gamma_c^t} \cdot PDA_c^{1-\gamma_c^t}}{\delta_c^{t\gamma_c^t} \cdot PDA_c^{1-\gamma_c^t} + (1-\delta_c^t)^{\gamma_c^t} \cdot PE_c^{1-\gamma_c^t}} \quad (4.16)$$

$$PX_c = \frac{1}{\alpha_c^t} \cdot (\delta_c^{t\gamma_c^t} \cdot PDA_c^{1-\gamma_c^t} + (1-\delta_c^t)^{\gamma_c^t} \cdot PE_c^{1-\gamma_c^t})^{\frac{1}{1-\gamma_c^t}} \quad (4.17)$$

国内消费的最终产品由进口品与内销品组成。则有：

$$min: PQ_a \cdot QQ_a = PDC_a \cdot QDC_a + PM \cdot QM_a$$

$$st: QQ_a = \alpha_a^q \left[\delta_a^q QDC_a^{\frac{\gamma_a^q-1}{\gamma_a^q}} + (1-\delta_a^q) QM_a^{\frac{\gamma_a^q-1}{\gamma_a^q}} \right]^{\frac{\gamma_a^q}{\gamma_a^q-1}}$$

解得：

$$QDC_a = \frac{PQ_a \cdot QQ_a}{PDC_a} \cdot \frac{\delta_a^{q\gamma_a^q} \cdot PDC_a^{1-\gamma_a^q}}{\delta_a^{q\gamma_a^q} \cdot PDC_a^{1-\gamma_a^q} + (1-\delta_a^q)^{\gamma_a^q} \cdot PM_a^{1-\gamma_a^q}} \quad (4.18)$$

$$QM_a = \frac{PQ_a \cdot QQ_a}{PM_a} \cdot \frac{(1-\delta_a^q)^{\gamma_a^q} \cdot PM_a^{1-\gamma_a^q}}{\delta_a^{q\gamma_a^q} \cdot PDC_a^{1-\gamma_a^q} + (1-\delta_a^q)^{\gamma_a^q} \cdot PM_a^{1-\gamma_a^q}} \quad (4.19)$$

$$PQ_a = \frac{1}{\alpha_a^q} \cdot (\delta_a^{q\gamma_a^q} \cdot PDC_a^{1-\gamma_a^q} + (1-\delta_a^q)^{\gamma_a^q} \cdot PM_a^{1-\gamma_a^q})^{\frac{1}{1-\gamma_a^q}} \quad (4.20)$$

进口价格与出口价格可表示如下：

$$PM_a = PWM_a \cdot (1+tm_a) \cdot \phi \quad (4.21)$$

$$PE_c = PWE_c \cdot \phi \quad (4.22)$$

在一种活动对应一种产品的情况下,有下述对应关系。

$$QX_c = QA_c \tag{4.23}$$

$$QDA_c = QDC_a \tag{4.24}$$

$$PX_c = PA_c \tag{4.25}$$

$$PDA_c = PDC_a \tag{4.26}$$

由式(4.16)以及式(4.17)可推出国内产出以及国产品价格的表达方式。

$$QX_c = \alpha_c^{t\,1-\gamma_a} QDA_c \left(\frac{PDA_c}{\delta_c^t PX_c}\right)^{\gamma_a} \tag{4.27}$$

$$PDA_c = \delta_c^{t\,\frac{\gamma_c^t}{\gamma_c^t-1}} \left((\alpha_c^t PX_c)^{1-\gamma_t} - (1-\delta_c^t)^{\gamma_t} PE_c^{1-\gamma_t}\right)^{\frac{1}{1-\gamma_c^t}} \tag{4.28}$$

根据上述贸易关系中涉及的变量与参数,对其进行详细描述,具体如表 4-3 所示。

表 4-3　贸易模块变量及参数说明

序号	变量	变量定义	序号	参数	参数定义
1	QQ_a	国内市场商品的消费数量	1	α_a^q	进口品与国产品的规模系数
2	PQ_a	商品的消费价格	2	δ_a^q	国内消费品中内销品的份额参数
3	QM_a	进口产品	3	γ_a^q	国产品与进口品的替代弹性
4	PM_a	进口品价格	4	α_c^t	常弹性转换函数的规模系数
5	QDC_a	国内生产国内使用商品 a 的数量	5	δ_c^t	国产品中内销品的份额参数
6	PDC_a	国内生产国内使用商品 a 的价格	6	θ_c	国产品与出口品的替代弹性
7	QX_c	部门 c 产出的商品的数量	7	ϕ	汇率

序号	变量	变 量 定 义	序号	参数	参 数 定 义
8	PX_c	部门 c 生产的商品的价格			
9	QDA_c	国内生产国内使用商品的数量			
10	PDA_c	国内生产国内使用商品的价格			
11	QE_c	出口产品			
12	PE_c	出口价格			
13	PWM_a	进口商品的国际价格			
14	PWE_c	出口商品的国际价格			

3. 机构模块

机构模块包括家庭、企业、政府以及投资,本模块对其收入支出行为进行详细刻画。

首先,家庭模块。假定家庭的效用函数为柯布道格拉斯形式,家庭的目标是在现有可支配收入的预算限制下,使得家庭的效用最大化,因而有:

$$max : U = QH_1^{shrh_1} \cdot \cdots \cdot QH_a^{shrh_a}$$

$$st : YHH = \sum PQ_a \cdot QH_a$$

解得:

$$QH_a = \frac{shrh_a \cdot YHH}{PQ_a} \tag{4.29}$$

居民总收入包括要素收入以及转移支付,可由下式表示:

$$YH = W \cdot \bar{L} + shif_{hk} \cdot R \cdot \bar{K} + ratehg \cdot YG + ratehe \cdot YENT \tag{4.30}$$

其次,企业模块。企业收入主要来源于企业的资本收入,可由下式表示:

$$YENT = shifent_{ent} \cdot R \cdot \bar{K} \qquad (4.31)$$

企业的支出包括对居民的转移支付、企业直接税以及企业储蓄，可分别表示如下：

$$YEH = ratehe \cdot YENT \qquad (4.32)$$

$$YEHT = tient \cdot (1 - ratehe) \cdot YENT \qquad (4.33)$$

$$ENTSAV = (1 - tient) \cdot (1 - ratehe) \cdot YENT \qquad (4.34)$$

再次，政府模块。政府的收入来源于各项税收收入，可表示如下：

$$YG = ti_h \cdot YH + tient \cdot (1 - ratehe) \cdot YENT$$
$$+ \sum tm_a \cdot \phi \cdot PWM \cdot QM_a + \sum t_a^p \cdot PA_a^p \cdot QA_a \qquad (4.35)$$

政府的支出主要包括对居民的转移支付、对国外的援助、储蓄以及政府购买，可分别由下式表示：

$$YHG = ratehg \cdot YG \qquad (4.36)$$

$$YWG = ratewg \cdot YG \qquad (4.37)$$

$$GSAV = sg \cdot YG \qquad (4.38)$$

$$QG = (1 - ratehg - ratewg - sg) \cdot YG/PG \qquad (4.39)$$

政府对具体商品的消费可由下式表示：

$$QG_a = shrhg_a \cdot QG \qquad (4.40)$$

政府消费商品的价格指数为政府消费的各种商品价格的加权平均：

$$PG = \sum shrhg_a \cdot PQ_a \qquad (4.41)$$

最后，投资模块。总投资以及对具体商品的投资可由下式表示：

$$QINV = V/PV \qquad (4.42)$$

$$QINV_a = shrhv_a \cdot QINV \qquad (4.43)$$

资本品价格指数可由下式表示：

$$PV = \sum shrhv_a \cdot PQ_a \qquad (4.44)$$

机构模块各变量及参数说明见表 4-4。

表 4-4　机构模块变量及参数说明

序号	变量	变 量 定 义	序号	参数	参 数 定 义
1	YHH	居民可支配收入	1	$shrh_a$	居民消费的第 a 种商品的份额
2	QH_a	居民对第 a 种商品的消费	2	$shif_{hk}$	居民的资本收入份额
3	YG	政府收入	3	$ratehg$	政府转移支付份额
4	$YENT$	企业收入	4	$ratehe$	企业转移支付份额
5	YEH	企业转移支付	5	$shifent_{ent}$	企业在总资本中收入的份额
6	$YEHT$	企业直接税	6	$tient$	企业直接税税率
7	$ENTSAV$	企业储蓄	7	ti_h	个人所得税税率
8	YHG	政府转移支付	8	$ratehg$	政府转移支付份额
9	YWG	政府对国外的援助	9	$ratewg$	政府对国外援助占总收入的份额
10	$GSAV$	政府储蓄	10	sg	政府储蓄率
11	QG	政府消费	11	$shrhg_a$	政府消费系数
12	PG	政府消费价格指数	12	$shrhv_a$	资本品消费系数
13	V	总投资金额			
14	$QINV$	总投资			
15	PV	资本品价格指数			

4. 均衡模块

本模块主要描述可计算一般均衡模型中的各种均衡关系。通常情况下，根据要研究的具体情况，可选择凯恩斯闭合、新古典闭合、约翰森闭合、刘易斯闭合、卡尔多里昂闭合。本模型采用新古典闭合，即假定要素市场出清。此外，还包括商品市场均衡、政府收支均衡、投资储蓄均衡、国际收支均衡。可分别由下式表示：

$$\sum L_c = \bar{L} \tag{4.45}$$

$$\sum K_c = \bar{K} \tag{4.46}$$

$$YG = YHG + YWG + GSAV + PG \cdot QG \tag{4.47}$$

$$QQ_a = \sum QINT_{ac} + QH_a + QG_a + QINV_a \tag{4.48}$$

$$V = (1 - mpc) \cdot (1 - ti_h) \cdot YH + ENTSAV + GSAV + FSAV \cdot \phi \tag{4.49}$$

$$\sum \phi \cdot PWM_a \cdot QM_a + YWG + (1 - shif_{hk} - shif_{ent}) \cdot R \cdot \bar{K}$$

$$= (FSAV + \sum PWE_c \cdot QE_c) \cdot \phi \tag{4.50}$$

5. 环境模块

本模块主要描述大气污染物排放与经济体系的关系，对大气污染物的考察主要是二氧化碳、二氧化硫、氮氧化物以及粉尘颗粒。该模块的难点在于计算不同大气污染物的排放系数。这里采取的方式是根据国际能源署的 International Energy Statistics 中的统计数据，计算煤炭、石油以及天然气的二氧化碳排放量，将其与实际的三种化石燃料的消费量挂钩。同时参考陆家亮（2013）对煤炭、石油、天然气总结的大气污染物的排放情况，从而确定不同化石能源的大气污染物排放系数。

通过上述式（4.1）—式（4.50）共50组基本方程，可将模型中基本的内生变量计算出来。在新古典闭合的假定条件下，本模型的一般均衡变量只有汇率、劳动价格和资本价格。选取汇率作为模型的基准变量，则模型的一般均衡变量简化为两个。

(二)非完全竞争特征引入

在本节中的第一部分,建立了关于中国经济的基本可计算一般均衡模型。但是考虑到中国天然气产业的特征,即 95% 以上的天然气均由中石油、中石化、中海油所生产,同时管道运输业也基本掌握在该三家油气集团公司手中。因此,有必要对中国天然气产业非完全竞争的特征进行刻画。

天然气产业中存在三家寡头垄断企业,假定天然气产业的产出由该三家企业的产出以 CES 函数形式形成,则有:

$$min: PA_c \cdot QA_c = \sum PZ_j \cdot QZ_j$$

$$st: QA_c = \alpha^0 \left[\delta_1^0 QZ_1^{\frac{\gamma_0-1}{\gamma_0}} + \delta_2^0 QZ_2^{\frac{\gamma_0-1}{\gamma_0}} + \delta_3^0 QZ_3^{\frac{\gamma_0-1}{\gamma_0}} \right]^{\frac{\gamma_0}{\gamma_0-1}}$$

解得:

$$QZ_j = \frac{PA_c \cdot QA_c}{PZ_j} \cdot \frac{\delta_j^{0\gamma_0} \cdot PZ_j^{1-\gamma_0}}{\delta_1^{0\gamma_0} \cdot PZ_1^{1-\gamma_0} + \delta_2^{0\gamma_0} \cdot PZ_2^{1-\gamma_0} + \delta_3^{0\gamma_0} \cdot PZ_3^{1-\gamma_0}}$$

$$(4.51)$$

$$PA_c = \frac{1}{\alpha^0} \cdot (\delta_1^{0\gamma_0} \cdot PZ_1^{1-\gamma_0} + \delta_2^{0\gamma_0} \cdot PZ_2^{1-\gamma_0} + \delta_3^{0\gamma_0} \cdot PZ_3^{1-\gamma_0})^{\frac{1}{1-\gamma_0}}$$

$$(4.52)$$

天然气产业内的寡头垄断企业在生产过程中具有规模经济性,因此需要在生产函数内对这一特征进行刻画。参考张晓光(2009)的处理方式,在生产函数中引入固定成本系数,则有:

$$QZ_j = \alpha^{EKL} \left[\delta_1^{EKL} EK_{jc}^{\frac{\gamma_{4c}-1}{\gamma_{4c}}} + (1-\delta_1^{EKL}) L_{jc}^{\frac{\gamma_{4c}-1}{\gamma_{4c}}} \right]^{\frac{\gamma_{4c}}{\gamma_{4c}-1}} + \psi_j$$

根据利润最大化的一阶条件,可得:

$$QZ_j = \psi_j (\varepsilon_j - 1) \tag{4.53}$$

此外,借鉴 Hoffmann(2002)以及 Konan and Assche(2007)对非完全竞争的处理模式,假定三家寡头垄断企业不存在价格歧视行为,对不同天然气消费者均收取同一价格。根据本模型的复合规则,可计算经济主体对不同企业生产的天然气需求弹性。中间产品部门对第 j 个企业生产的天然气的需求弹性如式(4.54)所示,机构部门 u(包括居民、政府、投资)对第 j 个企业生产的天然气的需求弹性如式(4.55)所示。整个经济体系对第 j 个企业生产的天然气的需求弹性如式(4.56)所示。

$$\frac{1}{\varepsilon_j^c} = \frac{1}{\gamma_0}(1 - s_j^0) + \frac{1}{\gamma_1^c} s_j^0 (1 - s_1^c) + \frac{1}{\gamma_2^c} s_j^0 s_1^c (1 - s_2^c)$$

$$+ \frac{1}{\gamma_3^c} s_j^0 s_1^c s_2^c (1 - s_3^c) + \frac{1}{\gamma_4^c} s_j^0 s_1^c s_2^c s_3^c (1 - s_4^c) \tag{4.54}$$

$$\frac{1}{\varepsilon_j^u} = \frac{1}{\gamma_0} - \left(\frac{1}{\gamma_0} - 1\right) s_j^0 \tag{4.55}$$

$$\varepsilon_j = \sum \eta_c \cdot \varepsilon_j^c + \sum \eta_u \cdot \varepsilon_j^u \tag{4.56}$$

在模型体系中考虑到非完全竞争特征后,天然气产业内企业的产出价格不仅仅是生产成本加生产税,还包括了一部分超额利润,而超额利润率是根据市场情况不断变化的,即该变量是内生的,可由下式表示:

$$\lambda_j = \frac{PZ_j}{(1 + t_{1j}^P) \cdot PZ_{1j}^P} - 1 \tag{4.57}$$

企业的收入发生变化,企业收入不仅仅包含了企业的资本收入,还包含了一部分超额利润,可由下式表示:

$$YENT = shifent_{ent} \cdot R \cdot \bar{K} + \sum_j \lambda_j \cdot (1 + t_{1j}^P) \cdot PZ_{1j}^P \cdot QZ_j \tag{4.58}$$

根据上述定义,不同变量及参数定义具体描述如表 4 - 5 所示。

表 4-5 变量及参数说明

序号	变量	变量定义	序号	参数	参 数 定 义
1	QZ_j	垄断企业产出	1	γ_0	不同企业天然气产品之间的替代弹性
2	PZ_j	垄断企业产出价格	2	δ_j^0	天然气产业中不同企业天然气的份额参数
3			3	α^0	天然气生产企业的规模系数
4			4	ψ_j	天然气生产企业的固定成本系数
5			5	s_j^0	第 j 个企业的市场份额
6			6	s_1^c	部门 c 所投入的天然气占所有投入的化石能源的份额
7			7	s_2^c	部门 c 所投入的化石能源占所有投入的总能源的份额
8			8	s_3^c	部门 c 所投入的能源占所有投入的能源-资本的份额
9			9	s_4^c	部门 c 所投入的能源资本占总产出的份额
10			10	η_c	部门 c 的中间投入占总的天然气最终消费需求的份额
11			11	η_u	机构部门 u 的消费占总的天然气最终消费需求的份额

第三节 数 据 来 源

前述构建的关于中国天然气的可计算一般均衡模型以社会核算矩阵（SAM）表为基础。SAM 表最初源于国民账户核算体系，同时较之于国民账户核算体系，社会核算矩阵能够反映收入流向以及相关分配信息，它不仅能够反映经济体系内有关生产以及消费行为，也能反映经济主体之间的收入分配以及社会再分配关系,还能对进口商品如何转化为国内消费以及国内商品如何转化成出口商品进行描述。由于社会核算矩阵具有包含社会经济活动翔实的经济信息,因而可将其作为可计算一般均衡模型的基础数据集。

一、SAM 表基本结构

社会核算矩阵是根据复式记账的原则对各账户的收支情况进行记录,它以二维表的形式反映了社会经济的详细信息。其中,行代表账户的收入,列代表账户的支出,同一账户的行列数值合计须相等。由于构建的可计算一般均衡模型为一国开放型经济,因而本部分着重介绍一国开放型经济的社会核算矩阵账户,主要包括生产活动账户、商品账户、要素账户、家庭账户、政府账户、企业账户以及国外账户等,如表 4-6 所示。

表 4-6 一个典型的开放经济的 SAM 表

	活动	商品	要素	家庭	企业	政府	储-投	国外	合计
活动		国内生产国内供给						出口	总产出
商品	中间投入			居民消费		政府消费	投资		总需求
要素	要素收入								要素收入
家庭			要素收入		企业转移支付	政府转移支付			居民收入
企业			要素收入						
政府	间接税	进口关税		个人所得税					政府收入
储-投				居民储蓄	企业储蓄	政府储蓄		国外储蓄	总储蓄

	活动	商品	要素	家庭	企业	政府	储-投	国外	合计
国外		进口	要素收入						总进口
合计	总投入	总供给	要素支出	居民支出		政府支出	总投资	总出口	

具体而言,社会核算矩阵各账户的主要核算内容是:

第一,生产活动账户。"生产活动"对应的是投入产出表中的生产部门,账户的横向表示国内商品的供应以及出口商品所带来的收入;账户的纵向表示生产产品所需的相关投入,包括中间产品投入、要素投入以及向政府缴纳生产税等。

第二,商品账户。商品账户反映了各种商品的来源及使用去向。商品账户的横向反映了各种产业部门以及机构购买或使用商品的情况,包括中间投入、居民消费、政府消费等,共同构成了经济体系的最终商品消费;商品账户的纵向反映了各种商品的来源、国内生产国内销售的商品以及包含了进口关税的国外商品,共同构成了国内最终商品消费的供应来源。

第三,生产要素账户。生产要素账户核算要素的收入分配行为。账户的横向反映各要素在生产活动中所获得的报酬,账户的纵向则反映要素收入在不同经济主体之间的分配,主要是在家庭、企业以及国外之间进行分配。

第四,机构账户。机构账户核算的是各机构的收入来源及相关支出。账户的横向反映了机构部门的收入来源,横向账户加总代表了机构的总收入;账户的纵向代表了机构部门的支出情况,纵向加总代表了机构部门的总支出。

第五,投资-储蓄账户。账户的横向代表了各机构用于储蓄的数额,账户横向加总为社会总储蓄;账户的纵向代表了用于各商品的投资和存货数额,账户纵向加总为社会总投资。

第六,国外账户。国外账户反映了国家与世界其他国家之间的交易行为。其中,横向反映了中国进口商品的国外收入以及国外在中国获得的资本收益等,纵向反映了国内商品的出口以及从国外获取的各项收入。

二、SAM 表编制

首先将 2017 年投入产出表中的"石油和天然气开采产品"部门拆分为"石油开采业"和"天然气开采业"两个部门。借鉴 1997 年 124 部门的投入产出表,据此对 2017 年石油和天然气开采产品进行拆分。最后根据本研究需要,再将产业部门进行合并整理为 13 个产业部门。社会核算矩阵的数据主要来源于 2017 年投入产出表,《中国统计年鉴(2018—2019)》《中国税务年鉴(2018)》《中国财政年鉴(2018)》等。数据具体来源可见表 4 - 7。

表 4 - 7 数 据 来 源

	数 据 说 明	数值(亿元)
中间需求、要素收入、生产税	2017 年投入产出表	—
进口关税	《中国财政年鉴(2018)》(进口货物增值税、消费税、关税)	18 968.52
进口、出口	2017 年投入产出表	
居民消费、政府消费、投资	2017 年投入产出表	
居民资本收益	《中国统计年鉴(2019)》(2017 年资金流量表)	30 627.8
国外资本收益	《中国统计年鉴(2018)》(国际收支平衡表)	−3 374.15
企业资本收益	余项	—
个人所得税	《中国财政年鉴(2018)》	11 966.37
居民储蓄	《中国统计年鉴(2019)》(2017 年资金流量表)	180 564.1

	数 据 说 明	数值(亿元)
政府对居民的转移支付	《中国统计年鉴(2019)》(资金流量表(非金融交易))	74 327.2
企业对居民的转移支付	余项	——
企业直接税	《中国财政年鉴(2018)》(2017 年全国企业所得税)	32 117.29
企业储蓄	余项	——
企业资本收益	余项	——
政府对国外的支付	《中国财政年鉴(2018)》(对外援助＋国外债务付息)	6 442.06
国外储蓄	余项	——

三、SAM 表平衡

由于在编制 SAM 表过程中数据来源多样,同时投入产出表本身的数据也并不平衡。因此,通过简单的数据汇总,初始的 SAM 表并不平衡,需要对 SAM 表进行调整平衡处理。目前,对调整平衡 SAM 表主要存在两种方法。

第一,RAS 方法。又称双边比例法,其基本原理是通过确定新矩阵的行与列,对行与列进行双边比例调整,生成一个具有相同维度的新矩阵,然后根据生成的新矩阵的行与列继续进行这一调整过程,最终达到新矩阵的行与列的误差足够小。RAS 方法简便易行,可基于 Excel 的"宏"进行编程;但也存在缺点,主要是缺乏经济学理论基础,并且无法固定 SAM 表中准确的数值。

第二,交叉熵(CE)方法。其核心思想是将新增信息嵌入原始的 SAM 表中,在一定条件限制下,最小化其交叉熵,使得调平后的 SAM 矩阵与原始的 SAM 矩阵整体差异最小。CE 方法能够有效处理信息,最大限度地保留原始的确定信息,并在此基础上利用新增信息。

第四节　参 数 标 定

一、替代弹性

在可计算一般均衡模型的构建中，由于包含多层 CES 函数复合关系，同时不同行业的化石能源、电力、劳动与资本之间的替代弹性各不相同，因而需要借鉴相关研究，确定不同行业不同要素复合关系的替代弹性参数。参考 Bao et al.(2013)的研究，对中国天然气可计算一般均衡模型 13 个行业的替代弹性参数设定如表 4－8 所示。

表 4－8　弹性参数设定

	γ_{1c}	γ_{2c}	γ_{3c}	γ_{4c}	γ_a^q	γ_c^t
天然气开采业	1.3	0.65	0.3	0.2	3	4
石油开采业	1.3	0.65	0.3	0.2	3	4
煤炭开采业	1.3	0.65	0.3	0.2	3	4
石油加工、炼焦及核燃料加工业	1.25	0.6	0.3	0.9	3	4.6
燃气业	1.25	0.6	0.3	0.2	0.9	0.5
电力、热力的生产和供应业	1.25	0.6	0.3	0.2	0.9	0.5
农林牧渔业	1.5	0.7	0.3	0.5	3	3.6
化学工业	1.5	0.7	0.3	0.9	3	4.6
建筑业	1.5	0.7	0.3	0.5	3	3.8
交通运输、仓储和邮政业	1.5	0.7	0.3	0.5	2	3
轻工业	1.5	0.7	0.3	0.9	3	4.6
重工业	1.5	0.7	0.3	0.9	3	4
服务业	1.6	0.9	0.3	0.5	2	3

注：γ_{1c} 表示不同化石能源之间的替代弹性，γ_{2c} 表示化石能源与电力之间的替代弹性，γ_{3c} 表示能源与资本之间的替代弹性，γ_{4c} 表示能源-资本与劳动之间的替代弹性，γ_a^q 表示国产品与进口品之间的替代弹性，γ_c^t 表示国产品与出口品之间的替代弹性。

二、其余参数

除替代弹性参数以外的绝大多数参数,如生产函数的规模系数、份额参数、个人所得税税率以及储蓄率等,均根据哈伯格惯例进行校准。

以能源-资本束中能源的份额参数为例,根据式(4.5)以及式(4.6),

$$E_c = \frac{P_{EKc} \cdot EK_c}{P_{Ec}} \cdot \frac{\delta_1^{EK\,\gamma_{3c}} \cdot P_{Ec}^{1-\gamma_{3c}}}{\delta_1^{EK\,\gamma_{3c}} \cdot P_{Ec}^{1-\gamma_{3c}} + (1-\delta_1^{EK})^{\gamma_{3c}} \cdot R^{1-\gamma_{3c}}} \quad (4.5)$$

$$K_c = \frac{P_{EKc} \cdot EK_c}{R} \cdot \frac{(1-\delta_1^{EK})^{\gamma_{3c}} \cdot R^{1-\gamma_{3c}}}{\delta_1^{EK\,\gamma_{3c}} \cdot P_{Ec}^{1-\gamma_{3c}} + (1-\delta_1^{EK})^{\gamma_{3c}} \cdot R^{1-\gamma_{3c}}} \quad (4.6)$$

两式相比可得:

$$\frac{E_c}{K_c} = \frac{\delta_1^{EK\,\gamma_{3c}} \cdot R^{\gamma_{3c}}}{(1-\delta_1^{EK})^{\gamma_{3c}} \cdot P_{Ec}^{\gamma_{3c}}}$$

假定平衡后的社会核算矩阵为模型的初始均衡解,则根据相关数据,可计算得到能源-资本束中能源的份额参数。

在求解得到份额参数后,根据哈伯格惯例,各产品与要素的价格均设置为1,则根据式(4.7),可求解得到能源-资本束的规模系数。

$$P_{EKc} = \frac{1}{\alpha^{EK}} \cdot (\delta_1^{EK\,\gamma_{3c}} \cdot P_{Ec}^{1-\gamma_{3c}} + (1-\delta_1^{EK})^{\gamma_{3c}} \cdot R^{1-\gamma_{3c}})^{\frac{1}{1-\gamma_{3c}}} \quad (4.7)$$

根据类似原则,可计算得到模型中除替代弹性以外的所有参数。

第五节 模型检验

在应用构建的可计算一般均衡模型进行政策模拟之前,需要对模型进行相关检验,以验证模型的正确性。

一般均衡模型构建的正确与否主要依据是，能否通过模型的一致性检验以及齐次性检验。第一，一致性检验。由于可计算一般均衡模型各变量的初始值与 SAM 表中的数据相对应，因而初始的 SAM 表中的数据暗含着其为模型未进行任何政策冲击时的初始状态。因此，在未进行政策模拟时，可计算一般均衡模型的所有内生变量均应能够还原为 SAM 表中的初始数据。第二，齐次性检验。在可计算一般均衡模型的计算中，所采用的价格均是相对价格。因而从理论上而言，对价格同时变化相同的倍数，则模型体系中所有的价格变量与价值变量均同比例发生变化，数量变量则不发生变化。

此外，由于模型中存在大量的参数，弹性参数基本通过查阅相关文献获得，其余参数则是通过 SAM 表校准得到，因而参数在一定程度上缺乏可靠性。为了增强模型输出结果的可信度，可通过变动模型参数值的大小，检验模型输出结果的稳健性，这也称为敏感性分析。敏感性分析是可计算一般均衡模型的重要环节，能够保障模型输出结果的可信度。

第六节　程　序　实　现

本章构建的可计算一般均衡模型，包括 13 个产业部门以及多个经济主体，包含了众多的方程及内生变量，需要专门的软件对其进行求解。一般而言，国际上主流的用于求解可计算一般均衡模型的软件主要有 GAMS、GEMPACK 软件。此外，类似 MATLAP 的可编程软件也可以通过编程实现对可计算一般均衡模型的求解。

采用专业的软件对可计算一般均衡模型进行求解往往需要进行编程，将方程体系转化为程序语言。借助数学技术手段，对方程体系进行求解。与大多数求解可计算一般均衡模型的方式不同，本书采用 Excel 电子表格的形式对可计算一般均衡模型进行求解，其优点一是无需任何编程，二是能够模拟市场交易机制,更加符合经济系统的特征。主要原理是模拟市场竞价机制,使得价格逐渐趋于受到政策冲击后新的市场均衡价格,进而确定不同商品的产量、消费量以及各经济主体的收支情况。采用该方法,需要运用Excel电子表格循环计算的功能,并识别模型的一般均衡变量,以 IF 语句的形式进行输入,其他内生变量则可按照模型显性公式的表达形式进行输入。

第五章
国际天然气价格冲击的模拟研究

第一节　研　究　背　景

当前,世界能源消费逐步形成了石油、煤炭、天然气以及新能源"四分天下"的能源消费格局,全球天然气在一次能源消费占比中仍将继续增长。与此同时,为了应对气候变化以及雾霾问题,大力发展天然气也成为中国政府的能源发展战略之一。一方面,国家出台了一系列发展规划,力争提高天然气在一次能源中的消费占比;另一方面,国家在积极对天然气产业体制进行改革,从而提高产业管理水平、生产效率,以实现产业绩效的提升,增加国产天然气产量,保证天然气供应安全。

一、天然气对外依存度持续提升

2005—2018 年,中国天然气占总能源的消费比重由 2.5% 提升到 7.8%,中国天然气消费增长迅速;同时,较之于全球天然气消费水平(天然气占能源消费比重约 24%)还有较大差距,中国天然气还存在较大发展空间。2007—2018 年,中国天然气产量以及消费量均出现较快上涨趋势,但是国内产量增速小于国内消费量增速,因而我国天然气对外依存度持续上升,已达到 43%,已经超过国际能源安全警戒线 13 个百分点。根据前文分析结果,未来中国国产天然气增长仍然远不能满足国内天然气消费的增长,天然气消费需求将大量依赖于进口,天然气对外依存度仍将继续提升。

二、政府对天然气价格进行规制

在中国天然气未来将大量依赖于国际天然气市场的情况下,国际天然气价格变化将会对中国经济体系产生哪些影响?中国天然气价格并未放开,天然气价格规制能否平抑国际天然气价格上涨带来的不利影响?对此,本节将结合前文构建的可计算一般均衡模型,针对国际天然气价格上涨在天然气价格是否存在规制的情景下进行模拟研究。

第二节　国际能源价格冲击的作用机制

能源作为重要的资源,广泛用于燃料、化工原料、交通、发电以及居民生活等领域,因而能源价格上涨将会对经济体系的各个方面产生影响。国际能源价格上涨将会通过价格传导机制对能源进口国的经济体系产生影响,许多学者对此开展了研究。

西方国家在经历过石油危机以后,普遍认为能源价格尤其是国际油价会对经济体系产生冲击,导致输入型通货膨胀,对消费和投资产生抑制作用,进而导致国民经济衰退。Hamilton是早期研究国际能源价格冲击的学者。Hamilton(1983)采用VAR方法研究了国际石油价格上涨产生的影响,结果发现国际石油价格上涨对经济体系具有紧缩作用,是导致经济衰退的原因之一。国际能源价格上涨通过三个途径对经济体系产生影响:一是对劳动力市场产生影响。Davis and Haltiwanger(2001)研究了国际石油价格波动对美国制造业就业岗位的影响,结果表明油价冲击对就业岗位的影响远大于货币政策带来的影响,并能够引发就业重新分配。二是对行业的供需产生影响。Lee and Ni(2002)采用 VAR 模型研究了石油价格冲击对行业供需的影响,研究发现,对密集使用石油作为原料的产业部门,石油价格上涨将会降低行业产出,而对许多其他行业而言,如汽车行业,石油价格上涨将会降低行业需求。三是对物价水平产生影响。Hooker(2002)研究发现 1962—2002 年油价与通货膨胀存在重要联系,但是之后,这种关系不再显著。国际能源价格上涨会对经济体系产生冲击,已经成为学界的普遍共识。

国内学者研究了国际能源价格上涨对中国经济的影响。其中,国际能源价格上涨对物价水平的影响是国内学者研究的一大热点。由于我国石油消费对外依存度较高,许多学者将研究重点放在国际石油价格冲击方面。张斌和徐建炜(2010)采用 VAR 模型研究了石油价格波动对中国宏观经济的影响,发现石油价格上涨使得产出下降、物价上升。丁志华和李文博(2014)采用计量模型研究了石油价格波动对我国物价水平的影响,发现随着石油对外依存度趋高,国际石油价格对国内物价水平的影响已经超过了国内石油价格对物价水平的影响。还有学者研究了综合性能源价格上涨对物价水平的影响。林伯强和王锋(2009)采用投入产出模型研究了能源价格上涨对中国一般价格水平的影响,发现在不考虑预期的情况下,各类能源价格对一般价格水平的影响较小,而在存在价格管制的情景下,更能控制能源价格上涨对一般价格水平的影响。任泽平(2012)将投入产出模型与成本传导模型相结合,研究了能源价格波动对中国物价水平的影响,发现能源价格波动对上游的影响大于下游,对生产领域的影响大于消费领域,对企业的影响大于居民,对城市居民的影响大于农村居民。王世进(2013)采用计量模型研究了国际能源价格波动对中国能源价格的影响,发现国际能源价格能够与中国能源价格存在长期的稳定协整关系和双向波动溢出效应,短期内国际能源价格对中国能源价格的平衡存在单向价格引导关系。也有学者研究了国际能源价格上涨对特定产品价格的影响,如对我国农产品价格的影响。吴海霞等

(2016)采用 VEC 模型和 OLS 模型研究了能源价格对我国玉米价格的影响,发现国际能源价格能显著影响我国玉米价格,国家原油价格每上涨一个百分点,将使国内玉米价格上升 0.43 个百分点。张兵兵和朱晶(2016)采用 CF 滤波分析方法研究了国际能源价格对国内农产品价格的影响,发现国际能源价格与国内农产品价格存在长期协整关系,但是国际能源价格冲击对不同农产品的影响存在差异。尹靖华(2016)采用 VAR 模型研究了国际能源价格对粮食价格的影响,认为国际能源价格上涨将会导致粮食生产成本提升,不同能源价格对粮食价格的影响存在差异。此外,部分学者就国际能源价格波动对其他产品价格如国内能源价格以及 PPI 的影响进行了研究。于江波和王晓芳(2013)研究了国际能源价格波动与一次性消耗能源价格波动率的关系,发现国际能源价格对中国能源价格影响明显,对 CPI 影响存在滞后性,应该调整能源结构、区域能源效率以及对能源进行替代,从而降低国际能源价格冲击带来的不利影响。赵玉和张玉(2014)针对美国量化宽松政策对国际能源价格波动与传导进行了研究,发现美国量化宽松政策导致国际能源价格上涨,最终传导给我国,造成我国原油和煤炭价格上涨,我国应加强能源市场风险的预测和预警,制定完善的能源政策以应对国际能源市场的不确定性。朱喜安和郝淑双(2017)采用 VAR 模型研究了国际能源价格波动对中国 PPI 的影响,发现国际能源价格冲击对上游能源开采和加工业的 PPI 影响最大,对中游化工行业 PPI 影响次之,对下游化学纤维制造业 PPI 影响最小。

国际能源价格不仅会对国内产品价格产生影响,也会通过价格传导机制对经济体系产生影响。陈宇峰和陈启清(2011)基于扩展的 VAR 模型研究了国际油价波动对中国宏观经济的影响,发现中国在不同发展阶段下不同油价冲击形式产生了"非对称时段效应"。严云鸿和易波波(2011)采用有向无环图(DAG)与 SVAR 模型研究了国际能源价格对中国经济体系的影响,结果表明国际能源价格对中国经济产生较大冲击,尤其是对国内消费物价水平,主要是由于中国能源对外依存度较高,国家应该加强对关键能源商品的宏观调控,防范国际能源价格冲击。赫永达和孙巍(2017)采用CGE模型研究了国际天然气价格波动对居民生活及产业结构的影响,发现国际天然气价格上涨降低了居民福利,但是能够促进产业转型升级。然而,针对国际能源价格冲击带来的不利影响方面,也有学者的研究结果与其他学者的研究结果存在显著不同。唐运舒和焦建玲(2012)采用SVAR模型研究了在国际油价波动时,央行货币政策取向差异及油价波动对产出的影响,结果表明国际油价冲击对经济的紧缩作用较小,而货币政策及其回应油价冲击的政策反而不利于经济增长。因此,国际能源价格并不一定会对经济体系产生较大冲击,而由应对国际能源价格上涨所做出的货币政策及相关政策反而是对经济体系造成冲击的重要因素。

国际能源价格上涨也会对国内其他市场产生影响,如股票市场、劳动力市场。郭国峰和郑召锋(2011)采用GARCH(1,1)-M模型研究了能源价格波动对中国股票市场的影响,发现国际能源价格波动对中国股市整体影响较小,但对沪、深分市场股指影响显著。具体而言,国际能源价格对化工制品、石油和天然气、基础资源、建筑和材料、食品和饮料、汽车和零件、个人和家庭用品等行业的股指收益率影响较为显著。陈宇峰和陈准准(2012)模拟了国际能源价格冲击对劳动力市场的影响,结果表明国际能源价格冲击对不同产业部门的劳动力需求影响不同,国际能源价格上涨后,部分劳动密集型行业如制造业、农业的劳动需求增加,其余行业劳动需求减少,同时对不同劳动群体的收入产生不同影响,降低了技术工人及产业工人的收入,而增加了农业工人的收入。此外,国际能源价格上涨由于提高了企业的生产成本,企业将会感受到生产成本提升带来的压力,也会对国际能源价格冲击做出相应反应。韩国高(2016)研究了国际油价冲击对制造业企业投资的影响,发现油价冲击对制造业企业投资的抑制作用在不同时期、不同企业规模和不同方向呈现非对称性。陈宇峰和章源升(2013)研究了国际能源价格冲击对产业效率的影响,以杭州为例,采用超效率 DEA 模型开展了研究,发现短期内国际能源价格上涨能够促进工业、交通运输业及公共事业等生产效率的提升,长期内国际能源价格上涨将会对经济体系产生优胜劣汰效应、积累效应以及资本转移效应。陈宇峰和朱荣军(2018)研究了能源价格是否会诱致技术创新,发现能源价格上涨能够诱发制造业行业研发投入,但是诱致程度因行业特点不同而存在差异。

国际能源价格上涨除了会对国内物价水平、宏观经济以及其他相关市场产生冲击以外,还将对减排成本产生影响。姚云飞等(2012)采用可计算一般均衡模型研究了国际能源价格波动对减排成本的影响,模拟了在不同能源定价机制情景下的边际减排成本,发现不同能源国际价格对我国减排成本的影响不同,电力和成品油的定价方式对我国边际减排成本影响较大,采用市场化的定价机制能显著降低边际减排成本。

从国内外学者对国际能源价格上涨的影响研究来看,不同能源品种的国际价格上涨对经济体系产生的影响机制以及影响作用存在不同。当前,中国天然气价格受到政府规制,国际天然气价格冲击并不能通过价格传导机制有效传导至中国经济体系,但与此同时,随着政府对天然气市场化改革的逐步深入,中国天然气价格形成机制将会与国际天然气价格接轨。而中国天然气对外依存度持续趋高,未来中国天然气市场将会大量依赖于国际天然气市场,因此有必要研究国际天然气价格冲击在存在政府规制与不存在政府规制情景下对中国经济体系的影响,从而为政府制定相应政策提供依据。

第三节　政　策　模　拟

本节在存在政府价格规制与不存在政府价格规制两种情景模式下对国际天然气价格上涨 10% 进行政策模拟。其对宏观经济的影响如表 5 - 1 所示,不存在价格规制(A)情景与存在价格规制(B)情景下国际天然气价格上涨对部门经济的影响如表 5-2、表 5-3 所示。

表 5-1　对宏观经济的影响　　　　　　单位：％

	A	B
实际 GDP	−0.001	0.000
居民收入	0.026	−0.033
居民福利	−0.025	−0.030
CPI	0.055	0.000
政府收入	0.061	−0.163
政府购买	0.030	−0.163
企业收入	−0.018	0.034
投资	0.179	0.024
进口	−0.003	−0.031
出口	−0.358	−0.034
资本价格	−0.027	0.003
劳动价格	0.024	−0.002

表 5-2　对部门经济的影响(A)　　　　单位：％

	产量	成本价格	最终消费	最终消费价格	进口	出口	劳动需求	资本需求
天然气开采业	0.201	1.032	−10.072	8.175	−14.475	−8.527	0.514	0.858
石油开采业	0.289	0.019	0.318	0.010	0.348	0.212	0.283	0.294
煤炭开采、洗选和加工业	0.306	0.032	0.313	0.030	0.405	0.176	0.306	0.321
石油加工及核燃料加工业	0.230	0.051	0.250	0.050	0.401	−0.006	0.250	0.251

续　表

	产量	成本价格	最终消费	最终消费价格	进口	出口	劳动需求	资本需求
燃气生产和供应业	−0.402	0.466	−0.402	0.466	0.000	0.000	−0.308	−0.240
电力、热力的生产和供应业	0.047	0.033	0.047	0.033	0.077	0.030	0.049	0.065
农林牧渔业	−0.071	0.041	−0.062	0.039	0.056	−0.219	−0.072	−0.051
化学工业	−0.315	0.179	−0.154	0.176	0.373	−1.132	−0.088	−0.277
建筑业	0.179	0.049	0.180	0.049	0.327	−0.006	0.174	0.195
交通运输、仓储和邮政业	−0.017	0.027	−0.001	0.027	0.080	−0.097	−0.019	−0.002
轻工业	−0.087	0.044	−0.044	0.049	0.103	−0.286	−0.104	−0.068
重工业	−0.029	0.061	0.046	0.061	0.228	−0.309	−0.001	−0.016
服务业	0.012	0.006	0.015	0.007	0.000	−0.006	0.001	0.025

表 5-3　对部门经济的影响(B)　　　　　　　　单位：%

	产量	成本价格	最终消费	最终消费价格	进口	出口	劳动需求	资本需求
天然气开采业	0.001	0.000	0.001	0.000	−2.251	−17.739	0.001	0.000
石油开采业	−0.005	0.001	−0.004	0.001	−0.002	−0.009	−0.005	−0.006
煤炭开采、洗选和加工业	0.006	0.000	0.005	0.000	0.006	0.005	0.006	0.005
石油加工及核燃料加工业	−0.003	0.001	−0.003	0.001	−0.001	−0.005	0.000	−0.003
燃气生产和供应业	−0.018	0.001	−0.018	0.001	0.000	0.000	−0.017	−0.018

	产量	成本价格	最终消费	最终消费价格	进口	出口	劳动需求	资本需求
电力、热力的生产和供应业	0.001	0.001	0.001	0.001	0.002	0.001	0.002	0.001
农林牧渔业	−0.019	−0.001	−0.020	−0.001	−0.023	−0.015	−0.019	−0.022
化学工业	−0.003	0.000	−0.003	0.000	−0.002	−0.005	−0.001	−0.005
建筑业	0.024	0.000	0.024	0.000	0.024	0.024	0.025	0.022
交通运输、仓储和邮政业	−0.009	0.000	−0.009	0.000	−0.008	−0.011	−0.008	−0.011
轻工业	−0.017	0.000	−0.017	0.000	−0.018	−0.016	−0.015	−0.020
重工业	0.014	0.000	0.015	0.000	0.016	0.013	0.017	0.012
服务业	−0.001	0.000	−0.001	0.000	0.000	−0.002	0.000	−0.002

一、对宏观经济的影响

根据表5-1,与基准情景相比,无论是否存在政府价格规制的情景下国际天然气价格上涨,均对宏观经济产生了一定的紧缩作用。

（一）不存在政府价格规制的情景下

国际天然气价格上涨抑制了实际GDP的增长,同时提高了国内物价水平,使得居民消费价格指数上涨0.055%。对居民而言,国际天然气价格上涨导致劳动力价格上涨、资本价格下降,同时政府收入上升,企业收入下降,政府和企业对居民的转移支付增加,净效应使居民收入增长了0.026%。对企业而言,资本价格下降,企业资本收入降低,但由于垄断利润增长,企业总收入降低幅度低于资本价格下降幅度。对政府而言,政府收入来源于个人所得税、企业所得税、进口关税以及生产税等,政府收入增长0.061%,但由于物价水平上涨,政府购买也增加,增加幅度小于政府收入增幅。在政府收入、居民收入均增加,企业收入下降的情况下,政府储蓄以及居民储蓄均有所增长,企业储蓄则有所下降,净效应是社会总储蓄有所增长,社会净储蓄等于总投资,总投资也增长,增长幅度为0.179%。

（二）存在政府价格规制的情景下

国际天然气价格上涨对实际GDP的影响不明显,物价水平基本不变。对居民而言,国际天然气价格上涨导致资本价格上涨,劳动价格下降,政府收入下降而企业收入增长,则政府对居民的转移支付下降,企业对居民的转移支付增加,净效应是居民收入有所下降,居民福利也下降。对企业而言,资本价格上涨,企业的资本收入增加,而企业的收入增长幅度高于资本价格增长幅度,说明垄断企业的超额利润有所增长。对政府而言,政府收入下降,一个重要原因在于,在存在政府价格规制的情景下,国际天然气价格上涨,政府将会增加政府补贴以维持价格的相对稳定,最终使得政府支出增加,政府收入下降。政府收入以及居民收入下降,企业收入增长,则政府储蓄、居民储蓄下降,而企业储蓄增长,社会净储蓄出现一定增长,总投资也增长,增幅为0.024%。

二、对部门经济的影响

从表5-2的模拟结果来看,国际天然气价格上涨后,将会通过价格传导机制对中国的部门经济产生影响;而从表5-3的模拟结果来看,由于存在政府规制,国际天然气价格上涨不能有效传递给各产业部门以及相关经济主体,国际天然气价格上涨对部门经济的影响较小。

（一）对天然气部门本身的影响

不存在政府价格规制的情景下,国际天然气价格上涨对天然气部门的影响主要表现为两个方面:一方面,导致天然气对外贸易条件发生较大改变,国内天然气产品相对国外天然气产品而言更具竞争优势,国内各产业部门将会增加国产天然气的消费,降低进口天然气的消费,最终使得资本与劳动等生产要素向天然气部门转移,增加了天然气部门的产量;另一方面,国际天然气价格上涨,也使得天然气的生产成本上升,国内天然气的最终消费价格上涨,降低了天然气的最终消费。

存在政府价格规制的情景下,国际天然气价格上涨,政府将会通过补贴的方式维持天然气价格的稳定,并不能影响天然气的最终消费价格,但是国际天然气价格上涨会通过影响政府支出、政府关税收入以及国外净储蓄等渠道对经济体系产生影响。国际天然气价格上涨后,对天然气部门的产量、成本、要素需求以及最终消费的影响均较小,但是显著降低了天然气的进出口。

(二) 对能源消费结构的影响

不存在政府价格规制的情景下,国际天然气价格上涨将会通过价格传导机制向经济体系传导,首先影响天然气部门本身,提高了天然气的最终消费价格,使得利用天然气的各产业部门的生产成本均有所提升,提高了各产品的最终消费价格。而对不同能源品种而言,国际天然气价格上涨,使得天然气相对其他能源更加昂贵,经济主体将会降低天然气、燃气的消费,转而增加煤炭、石油、电力的消费。

存在政府价格规制的情景下,国际天然气价格上涨,政府将会通过补贴的方式维持天然气价格稳定,国际天然气价格上涨的信号不仅不能有效传递给利用能源的产业部门以及相关经济主体,还会由于对国产天然气存在补贴,使得各产业部门以及经济主体增加国产天然气的消费,最终使得天然气、煤炭、石油、电力的消费均有所增长,仅燃气、石油的消费略有下降。

(三) 对产业结构的影响

不存在政府价格规制的情景下,国际天然气价格上涨将会通过价格传导机制影响经济体系商品以及要素的价格,进而对经济体系产业结构产生影响。国际天然气价格上涨后:一方面影响了各产业部门对生产要素的需求,对不同产业部门的资本以及劳动需求产生差异化影响,要素进行了重新配置;另一方面影响了各产业部门以及经济主体对产品的消费需求。通过上述两方面的影响,最终使得燃气业、农业、化学工业、交通运输业、轻工业以及重工业的产出下降,其余行业的产出则出现不同程度增长。

在存在政府价格规制的情景下,国际天然气价格上涨也对生产要素以及产品价格产生影响,但影响较小,最终仅使得石油开采及加工业、燃气业、农业、化学工业、交通运输业、轻工业以及服务业产出略有下降,其他行业产出有所增长,但变动幅度均较小。

（四）对天然气部门超额利润率的影响

本章运用前述构建的非完全竞争可计算一般均衡模型,假定天然气开采业部门由中石油、中石化、中海油寡头垄断经营,但是天然气进口市场仍然被假定为完全竞争,因此天然气开采业部门的超额利润率的变化仅指国内生产天然气的企业。不存在政府价格规制的情景下,国际天然气价格上涨使得天然气开采业部门的超额利润率上涨 1.337%;存在政府价格规制的情景下,国际天然气价格上涨使得天然气开采业部门的超额利润率上涨5.157%,具体见表 5-4。

表 5-4　对超额利润率的影响　　　　　　　　　　　单位：%

	A	B
天然气开采业	1.337	5.157

三、对大气污染物排放的影响

对大气污染物排放的影响如表 5-5 所示。在不存在天然气价格规制的情景下,国际天然气价格上涨,导致天然气、燃气的消费下降,而煤炭以及石油的消费上升,由于能源消费的替代效应,经济体系在降低天然气以及燃气等低碳能源消费的同时,增加了对煤炭、石油等高碳化石能源的使用,因而二氧化碳的排放有所降低,而氮氧化物、二氧化硫以及粉尘颗粒的排放呈现不同程度增长。

表 5-5 对大气污染物排放的影响 单位:%

	A	B
二氧化碳	−0.211	0.004
氮氧化物	0.122	0.004
二氧化硫	0.308	0.005
粉尘颗粒	0.310	0.005

在存在天然气价格规制的情景下,除燃气消费略有下降,其余能源消费均有所增长,因而诸多大气污染物排放均增长。

第四节 研究结论与政策讨论

本章对是否存在政府价格规制的情景下国际天然气价格上涨对中国环境经济的冲击效果进行了模拟分析,结果表明:其一,不存在政府价格规制的情景下,国际天然气价格上涨对宏观经济产生紧缩作用,抑制了实际GDP的增长,降低了居民福利,对部门经济产生紧缩作用,降低了天然气、燃气的消费,不利于能源消费结构调整,降低了二氧化碳排放,但同时也增加了氮氧化物、二氧化硫以及粉尘颗粒的排放;其二,存在政府价格规制的情景下,国际天然气价格上涨对经济体系的冲击作用较小,对实际GDP的影响不明显,降低了居民福利,对部门经济的紧缩作用较小,但是能够显著增加天然气部门的超额利润率,造成较大的负面收入分配效应,同时增加了各种大气污染物的排放。本章的研究具有以下政策含义:

第一,采取针对性的措施对居民进行补偿。无论是否存在政府价格规制的情景下,国际天然气价格上涨均会对居民福利产生负面影响。随着中国城镇化的不断推进,将会有更多的居民利用天然气,国际天然气价格上涨对居民的影响范围会更大,尤其是对低收入居民群体。因此,应该降低低收入群体居民用气价格波动,可对目前天然气价格阶梯定价机制进行完善,如在国际天然气价格上涨时,仍不改变最低使用量的天然气价格,仅针对超出使用量的部分调高价格。

第二,对天然气价格进行适度规制,避免国际天然气价格冲击带来的不利影响。模拟结果表明,国际天然气价格上涨,在不存在政府价格规制的情景下,将会通过价格传导机制对宏观经济以及部门经济产生较大的紧缩作用;存在政府价格规制的情景下,国际天然气价格上涨不能有效传递给经济体系的各产业部门以及经济主体,并且显著增加了国产天然气的超额利润,产生较大的负面收入分配效应。因此,在国际天然气价格上涨时,应对天然气价格进行适度规制,避免国际天然气价格上涨对经济体系产生较大的紧缩作用,同时也要防止严格的天然气价格规制对经济体系产生的扭曲作用,特别是容易导致国产天然气超额利润的较大增长。

第三,进一步扩大天然气进口来源,实现进口国家的多元化、合同的多元化以及定价机制的多元化。一方面,要扩展天然气进口来源国家,增加中国同其他国家的议价能力,确保国际天然气进口数量以及价格的稳定性;另一方面,签订多样化的天然气采购合同,制定灵活的进口天然气定价机制,增加天然气贸易的灵活性,确保我国与天然气贸易伙伴国之间的利益,实现双边互利互惠、平等共赢。

第六章
天然气资源税改革的政策模拟研究

第一节 资源税改革背景

　　天然气属于典型的不可再生资源,对天然气的开发利用不仅要兼顾当代人的利益,也要考虑子孙后代的利益。改革开放以来,中国经济发展迅猛,同时也消耗了大量的资源,资源利用效率有待提升。大力发展天然气已经成为我国能源发展战略的重要部分,但是如何在发展天然气的同时提高天然气资源的利用效率则是亟须解决的现实问题。当前,在开发天然气资源以及消费天然气资源的过程中,存在不合理开发、不合理利用的情况,从而导致了市场失灵。如何修正市场失灵,政府应采取何种措施?一般而言,采取非经济手段对政策和制度设计有很高的要求,行政成本也较高,而采用价格规制手段,如恰当的资源税则是解决外部性的重要方式。

　　资源税是资源环境领域的重要政策工具。其政策目标是:调节自然资源级差收入并体现资源所有者权益,其政策本身具有提高资源利用效率、促进减排和保护环境等功能(徐晓亮等,2017)。我国于1994年开始实施《资源税暂行条例》,正式确立了资源税征收制度,近年来正在不断地完善和深化改革。2010年6月,国家就原油、天然气资源税由从量计征改为从价计征在新疆地区进行试点;2011年11月,国家不仅调整了油气资源税的计征办法以及税率,还调整了焦煤和稀土矿的资源税税额标准;2014 年 10 月,国家将原油、天然气资源税适用税率由 5％提高至 6％;2016 年 5 月,国家对矿产资源推行全面的从价计征资源税改革;2017 年 11 月,财政部、税务总局就《中华人民共和国资源税法(征求意见稿)》向社会公开征求意见。中国对天然气资源税的征收方式已经由从量计征转变为从价计征并且确定了 6％的税率。天然气资源税改革的减排效应及经济效应如何? 这是值得关注的问题。

第二节　资源税改革的作用机制

资源税一方面能够调节代际利益,另一方面则能够减少资源浪费、促进资源分配公平,缩小以资源输出为主的中西部地区与沿海地区的发展差距。对资源税进行改革,有利于提高资源的利用效率以及促进社会公平。

天然气资源属于国家所有,但在实际运行中,基本掌握在少数国有油气集团公司手中。在对天然气资源开发过程中,天然气开采企业获得了较高的利益,但是作为资源所有者的民众不仅未享受到资源开采收益反而要承受资源开采所造成的环境污染损失。当前,我国资源税正在由从量计征向从价计征转变。在以往的从量计征方式中,天然气资源税相对容易操作,仅需要明确企业的生产以及销售数量,即可征收相应的税额,但是采用从量计征并不能反映天然气价格的变动情况,即当天然气价格上涨较多,而天然气资源税依然按照从量计征,则不能反映天然气资源的稀缺程度。按照从价计征后,能体现资源税与价格的联系,能够通过价格传递给下游天然气消费者,促进天然气资源利用效率的提升。

对于天然气资源税如何影响经济主体的行为、产业的发展等,国内外学者已经开展了比较多的研究。国外对资源税的研究较早,Hotelling(1931)

就研究了矿产资源耗竭理论,发现可耗竭资源存在最优消耗,为了确保经济体系对资源的有效利用,需要采取一定方式确保资源的最优开采,提出采用税收调节的手段控制资源的开采速率,使得资源影子价格的增长率等于社会效用贴现率,从而实现资源的最优开采。Foley 等(1982)研究了征收资源税对美国铜业供给的影响,发现随着资源税税率的提高,政府的税收收入先增加后降低。Hung 等(2009)运用动态霍特林模型对可耗竭资源征收从价税与从量税进行了对比研究,发现征收从价税要优于征收从量税。Eisenack 等(2012)对气候变化问题进行了研究,发现相比于环境税而言,资源税在环境保护方面的效果更加明显。Bacal(2016)对摩尔多瓦共和国征收资源税进行了全面分析,讨论了资源税的使用、计税依据,评估了税收产生的环境经济影响。

中国近年来在不断加快资源税改革进程,学界也对天然气资源税改革开展了研究,其内容主要是两类:对天然气资源税改革的定性研究以及实证研究。

第一,对天然气资源税改革的定性研究。谢鹍和宋岭(2011)以新疆为例,分析了资源税改革在不同层次上对资源的配置效应,认为资源税改革能够完善节能减排经济政策、保证经济安全以及资源安全,同时资源税改革通过提高资源税税负、增加资源所在地的财政收入,将资源所在地的资源优势转化为经济优势,对于加强中西部地区经济竞争力,优化区域间的资源配置意义重大。张会疆和王宏康(2012)对新疆天然气资源税改革的影响进行了分析,认为新疆原油天然气资源税改革对新疆经济发展、财政增收、民生改善意义重大;新疆政府应高度重视,制定科学合理的政策措施,按照稳扎稳打、步步为营的原则推进新疆油气资源税改革,并提出了征收天然气资源税后的使用去向以及进一步完善资源税征收的相关办法。张海莹(2013)认为资源税单位税额较低不能起到引导企业节约资源的作用,不利于资源开采效率的提升,导致了资源严重浪费;在分析了新疆地区天然气资源税改革的情况之后,认为资源税改革的目标是增加资源开采者和资源使用者的成本,最终提高资源的开采效率;今后我国应建立并完善资源转让的市场交易机制和资源有偿使用制度,使得资源开采者能够更加有效地开采和利用资源。郑坚铭(2018)认为我国对陆上油气资源税费制度的研究取得了较多成果,但是对海上油气资源税费制度研究不足,因而其针对南海油气资源税费制度进行研究,发现南海油气资源税费制度存在属人管辖与属地管辖间的冲突、助力地方经济作用不显著、地方事权与财权配置不合理等问题;为了进一步推进海上油气资源税费制度改革,应该协调属地管理与属人管理间的冲突,增加地方油气资源税收分成,助力地方经济发展,平衡地方与中央的权力以及利益。

第二,对天然气资源税改革的实证研究。林伯强(2008)采用 El Serafy 的使用者成本法对中国油气资源耗减的情况进行研究,并运用 CGE 模型模拟了征收油气资源税的经济影响,结果显示:征收 20% 以下的油气资源税,宏观经济负面影响较小并且能够降低二氧化碳、二氧化硫、废水以及固体废弃物的排放。该研究对于中国能源资源税的研究有重要意义,但是存在不足之处,未将石油天然气开采业作为一个整体进行分析,也未能凸显征收天然气资源税对经济体系的影响。王众等(2014)运用系统动力学方法分析了天然气资源税与其他系统要素间的因果关系和反馈机制,发现四川天然气资源税改革有利于增加地方政府收入,并且在从价计征条件下的资源开发速度更加理性,资源开采更加合理。金成晓等(2015)采用双重差分法对西部地区油气资源税由从量计征改为从价计征的政策效果进行研究,发现油气资源税改革使得单位产出能耗下降,污染减少。邵珠琼和张中祥(2018)以油气资源税改革为切入点,对油气资源税改革如何影响企业盈利能力展开研究,运用双重差分模型发现油气资源税改革使得上游企业的盈利能力下降,而对下游企业的盈利能力影响较小。刘建徽等(2018)采用 Malmquist 指数法,研究了原油、天然气、煤炭资源税改革对资源配置效率的影响,发现资源税改革促进了资源利用效率的提升,但是对资源配置效率的杠杆和调节作用效果不明显,据此提出了下一步资源税改革的方向,包括扩大征收范围、实施资源税动态税率制度、调整资源税计税依据等。

综上,学者对天然气资源税改革既有定性分析也有实证研究,取得了较丰富的成果,但是对天然气资源税改革的实证研究以计量分析为主,仅考虑了天然气资源税改革后对经济影响的一个方面,并未对经济体系产生的系统性影响进行全面分析。而与天然气类似的煤炭,学者不仅对其开展了计量研究(曹爱红等,2011),也采用可计算一般均衡模型对煤炭资源税改革的环境经济影响进行研究。林伯强等(2012)利用修正的 El Serafy 使用者成本法估算了煤炭资源的耗减成本,并通过动态 CGE 模型研究了征收从价煤炭资源税对宏观经济的影响,发现资源税税率在 5%—12%,并不会对宏观经济造成较大冲击,同时能够兼顾煤炭作为稀缺资源的耗减成本。刘宇和周梅芳(2015)运用 CGE 模型在无税收返还电价管制、无税收返还电价市场化、税收返还电价管制以及税收返还电价市场化四种情景下,研究了煤炭征收 5% 的资源税对中国经济产生的影响,发现煤炭资源税改革对经济的影响较小,在不同情景下对经济的影响差异较大,在税收返还情景下,征收煤炭资源税不仅可以抵消产生的负面影响,还能促进实际 GDP 的增长,并且也不会促进居民消费价格指数的增加,在放开电价管制及考虑税收返还的条件下,更加能够抑制物价水平的增长。此外,他们的研究还发现煤炭资源税改革有利于降低高耗能行业产出以及节能减排。徐晓亮等(2017)采用动态可计算一般均衡模型研究了煤炭资源税改革的长期影响,发现煤炭资源税改革有利于促进节能减排和环境福利,但是在不同情景下煤炭资源税改革的政策效果有较大差异,因而认为在节能减排和环境福利综合提升的目标条件下,煤炭资源税改革下一步要更加注重资源政策方案设计的协调性和完整性,从而更好发挥资源税的调节作用。

在以往研究中,专门采用 CGE 模型对天然气资源税改革的环境经济影响的研究较少,而在煤炭资源税改革的相关研究中,有较多学者采用 CGE 模型对煤炭资源税改革的环境经济影响进行了研究。然而,与煤炭资源税改革不同,采用 CGE 模型研究中国天然气资源税改革有其特殊性。由于中国的天然气开采业由中石油、中石化、中海油寡头垄断运营,一方面需要考虑天然气开采业生产存在规模经济性,另一方面需要考虑天然气开采业寡头垄断的市场结构。据此,天然气资源税改革是否能够增加天然气的使用成本、节约天然气的使用、降低污染物的排放以及体现天然气资源的代际公平? 基于此,笔者针对以往研究的不足,采用本书第四章构建的能够刻画中国天然气市场特征的 CGE 模型,分别在完全竞争及非完全竞争的市场结构下模拟了天然气资源税改革的减排效应及经济效应,模拟结果为如何进一步完善中国天然气资源税改革提供决策参考。

第三节　政　策　模　拟

笔者分别在完全竞争(A)及非完全竞争(B)市场结构下,模拟天然气资源税改革的经济效应及减排效应。

一、对宏观经济的影响

在完全竞争市场结构下,模拟结果显示:天然气资源税改革后,实际 GDP 的变化较小,实际 GDP 降低了 0.007%,政府收入增加 0.019%,在财政收支平衡的假定下,政府一方面会增加政府购买,另一方面也会增加对其余经济主体的转移支付以及政府储蓄。政府对居民的转移支付有所增加,在资本价格下降且劳动价格有所增加的情况下,净效应是居民收入增加 0.011%,但是天然气资源税改革后居民消费价格指数(CPI)上涨 0.015%,居民消费水平与居民福利(EV)水平均有所降低。企业收入来源于企业的资本收入,资本价格下降,企业的收入也下降。考虑到企业收入下降,企业储蓄也下降,在居民收入与政府收入均增长的情况下,居民储蓄以及政府储蓄均有所增长,最终使得社会净储蓄增长,在储蓄投资平衡的假定下,社会中的总投资上涨 0.100%。天然气资源税改革后,国内商品的生产成本提高,鉴于商品的世界价格被假定为不变,因而国内商品的国际竞争力有所下降,出口下降 0.156%,进口增长 0.105%。此外,根据模拟结果,天然气资源税改革后,将会使得单位 GDP 天然气消耗降低 3.323%,国民经济对天然气的依赖程度有所减弱,经济主体对天然气资源的节约意识增强。

表 6-1 对宏观经济的影响   单位:%

	A	B
实际 GDP	−0.007	0.000
CPI	0.015	0.002
进口	0.105	0.005
出口	−0.156	−0.009
政府收入	0.019	0.036
政府购买	0.010	0.034
企业收入	−0.013	−0.035
投资	0.100	0.002
居民收入	0.011	0.008
居民消费	−0.004	0.006
居民福利	−0.004	0.005
资本价格	−0.013	0.001
劳动价格	0.013	0.002
单位 GDP 天然气消耗	−3.323	0.000

在非完全竞争市场结构下,模拟结果显示:天然气资源税改革后,对主要宏观经济变量的影响均较小。企业收入来源于企业的资本收入以及超额

利润,而资本价格上涨,企业的资本收入增加,实际上企业收入下降,表明天然气开采业的超额利润有所下降。天然气资源税改革后,要素价格均有所上涨,居民的要素收入增加,政府收入增加,政府对居民的转移支付也增加,而企业收入下降,则企业对居民的转移支付下降,但是净效应是居民收入略有增长,居民福利也有所增长。居民收入以及政府收入增加,企业收入下降,则居民储蓄以及政府储蓄增加,企业储蓄下降,社会净储蓄有所增加,在投资储蓄平衡的假定下,总投资也增加。

二、对部门经济的影响

天然气资源税改革后,原本的价格平衡体系被打破,价格的调整使得经济系统达到了新的均衡状态。产品价格的变化改变了原本部门之间的交易行为,稀缺资源流向对其支付意愿较高的部门,资源得到了重新配置。

结合表6-2、表6-3的模拟结果,天然气资源税改革后,将会通过价格传导机制有效传导给终端消费者,原本的价格平衡体系发生变化。在新的价格体系下,经济主体的收入和支出行为发生了变化。价格体系的调整也改变了部门与部门之间的交易行为,产业结构发生变化,资源配置得到重新调整。

表6-2 对部门经济的影响(A)　　　　单位:%

	劳动需求	资本需求	产量	成本价格	出口	进口	最终消费	最终消费价格
天然气开采业	−25.761	−16.789	−25.829	0.236	−41.800	2.304	−3.330	1.906
石油开采业	0.074	0.079	0.077	0.003	0.064	0.087	0.082	0.002
煤炭开采、洗选和加工业	0.078	0.085	0.079	0.008	0.045	0.105	0.081	0.008

续　表

	劳动需求	资本需求	产量	成本价格	出口	进口	最终消费	最终消费价格
石油加工及核燃料加工业	0.064	0.074	0.067	0.012	0.013	0.105	0.071	0.011
燃气生产和供应业	−0.068	−0.048	−0.089	0.112	0.000	0.000	−0.089	0.112
电力、热力的生产和供应业	0.002	0.010	0.004	0.007	0.000	0.010	0.004	0.007
农林牧渔业	−0.012	0.000	−0.011	0.015	−0.064	0.034	−0.008	0.014
化学工业	−0.026	−0.061	−0.074	0.044	−0.275	0.094	−0.035	0.043
建筑业	0.096	0.108	0.100	0.013	0.050	0.139	0.100	0.013
交通运输、仓储和邮政业	0.005	0.016	0.010	0.006	−0.010	0.033	0.013	0.007
轻工业	−0.025	−0.005	−0.015	0.013	−0.072	0.039	−0.003	0.014
重工业	0.007	0.014	0.007	0.015	−0.063	0.070	0.025	0.015
服务业	0.002	0.014	0.008	0.002	0.002	0.000	0.008	0.002

表 6 - 3　对部门经济的影响（B） 单位：%

	劳动需求	资本需求	产量	成本价格	出口	进口	最终消费	最终消费价格
天然气开采业	0.000	0.000	0.000	0.001	−0.001	0.001	0.001	0.000
石油开采业	−0.002	−0.001	−0.001	0.002	−0.007	0.003	0.001	0.001
煤炭开采、洗选和加工业	−0.002	−0.002	−0.002	0.002	−0.009	0.003	−0.001	0.002
石油加工及核燃料加工业	−0.001	0.001	0.001	0.001	−0.004	0.004	0.001	0.001

续　表

	劳动需求	资本需求	产量	成本价格	出口	进口	最终消费	最终消费价格
燃气生产和供应业	0.003	0.003	0.003	0.001	0.000	0.000	0.003	0.001
电力、热力的生产和供应业	0.000	0.000	0.000	0.002	−0.001	0.001	0.000	0.002
农林牧渔业	0.002	0.002	0.002	0.002	−0.006	0.008	0.002	0.002
化学工业	−0.003	−0.001	−0.002	0.002	−0.009	0.004	0.002	0.002
建筑业	0.002	0.002	0.002	0.002	−0.005	0.007	0.002	0.002
交通运输、仓储和邮政业	0.001	0.002	0.001	0.002	−0.003	0.007	0.002	0.002
轻工业	0.000	0.001	0.000	0.002	−0.008	0.009	0.002	0.002
重工业	−0.003	−0.002	−0.002	0.002	−0.010	0.005	0.000	0.002
服务业	0.000	0.001	0.000	0.002	−0.005	0.000	0.001	0.002

（一）对能源消费结构产生影响

在完全竞争市场结构下，天然气、燃气的最终消费均有所下降，其中天然气消费的下降幅度相对较大；原油、煤炭、石油以及电力的最终消费有所增长。在收入效应与替代效应的综合作用下，能源消费结构发生了调整。在非完全竞争市场结构下，仅煤炭的消费下降，电力的消费维持不变，其余能源的消费均略有增长。

（二）对部门产出产生影响

在完全竞争市场结构下，对密切使用天然气作为投入要素的产业部门产生较大负面影响，尤其是天然气部门的产出下降幅度较大，下降了 25.829%。产出下降主要受两方面因素影响：一方面，各产业部门的生产要素价格发生变化，不同产业部门对劳动以及资本进行了重新配置；另一方面，则源于各经济主体对最终商品的消费需求发生变化。在两方面因素作用下,不同产业部门的产出进行了调整。在非完全竞争市场结构下,天然气开采业的产出不变,其余行业产出变化也较小。

由于天然气资源税改革导致经济体系内不同产品的相对价格发生变化,各产业部门根据利润最大化的原则调整了生产策略,产业结构随之改变。借鉴王韬等(2014)的研究,将产业结构变动分为合理化与高级化两部分,从而对产业结构的变化情况进行评估。TL 值表示产业结构的合理化,包括产业之间协调程度与资源有效利用程度,TL 值与产业结构合理化呈负相关关系,TL 值越接近于零,产业结构合理化程度越高,可由(6.1)式表示。

$$TL = \sum_{i=1}^{n} \frac{Y_i}{Y} ln\left(\frac{Y_i/L_i}{Y/L}\right) \tag{6.1}$$

其中,Y、L、i、n 分别表示产值、就业、不同的产业部门、产业部门总数。

TS 值表示产业结构高级化,是第三产业与第二产业的比值,反映了服务业在经济体系中的地位,借此反映产业结构转型情况,TS 值与产业结构高级化呈正相关,TS 值越大表明产业结构越高级,可由式(6.2)所示。

$$TS = \frac{Y_3}{Y_2} \tag{6.2}$$

其中,Y_2、Y_3 分别表示第二产业产值、第三产业产值。

表 6 - 4 计算了天然气资源税改革后,产业结构的变化情况。在完全竞争的市场结构下,天然气资源税改革会降低 TL 值,表明产业结构的合理化加深,产业之间更加协调、资源利用也更加有效,单位 GDP 天然气消耗下降也说明了这一点;天然气资源税改革会提高 TS 值,表明产业结构的高级化程度加深,第三产业相对于第二产业的比重提高,服务业在经济体系中的地位越来越重要。因此,天然气资源税改革推进了产业结构的合理化、高级化,优化了产业结构。在非完全竞争的市场结构下,天然气资源税改革提高

了 TL 值,产业结构的合理化减弱,但是会提高 TS 值,促进了产业结构的高级化。

表 6 - 4　对产业结构的影响　　　　　　单位：%

	A	B
TL	−0.010	0.001
TS	0.017	0.001

此外,在非完全竞争的市场结构下,天然气资源税改革将会使得天然气部门的超额利润率下降 5.836%。相对于天然气资源税改革引起的宏观经济以及部门经济影响而言,天然气资源税改革对天然气部门的超额利润率产生的影响较大。

三、对大气污染物排放的影响

天然气资源税改革对于大气污染物的排放产生不同影响,结合表 6 - 5 的模拟结果来看。在完全竞争市场结构下,由于天然气资源税改革使得天然气、燃气消费下降,煤炭、原油、石油消费增长,能源消费结构出现调整,二氧化碳的排放分别下降 0.090%,氮氧化物、二氧化硫与粉尘颗粒的排放分别增加 0.020%、0.080%、0.080%。而在非完全竞争的市场结构下,尽管天然气、石油消费略有增长,但由于煤炭消费下降,因而多种大气污染物排放均下降。

表 6 - 5　对大气污染物排放的影响　　　　　　单位：%

	A	B
二氧化碳	−0.090	−0.001
氮氧化物	0.020	−0.001
二氧化硫	0.080	−0.001
粉尘颗粒	0.080	−0.001

第四节　研究结论与政策讨论

通过分别模拟完全竞争、非完全竞争市场结构下天然气资源税改革的经济效应及减排效应,我们可见模拟结果:在完全竞争的假定下,天然气资源税改革降低了二氧化碳的排放,增加了天然气的使用成本,降低了单位GDP天然气的消耗,节约了天然气资源的使用,体现了天然气资源的代际公平,具有可持续发展的意义;在非完全竞争的假定下,天然气资源税改革对大气污染物排放以及相关经济变量的作用效果微弱,并不能提高天然气的利用效率,也不能体现天然气资源的代际公平,但是能降低天然气开采业的超额利润率,具有调节行业收入分配的作用。

在中国天然气开采业由中石油、中石化、中海油三家企业垄断运营的情况下,天然气资源税改革对经济体系的冲击效果微弱,并不能有效地起到调节代际利益、促进天然气资源利用效率提高的目的,但是却能显著降低天然气开采业的超额利润率,促进行业之间的收入分配公平,降低行业收入差距。鉴于我国天然气部门具有寡头垄断的特殊市场结构特征,决定了天然气资源税改革并不能像完全竞争行业(如煤炭)资源税改革那样起到应有的效果。充分发挥天然气资源税改革的作用,需要政府深入推进天然气产业体制机制改革。具体而言,应考虑以下几个方面:

第一,天然气产业结构改革要先于天然气资源税改革。模型模拟结果表明,在非完全竞争的市场结构下,天然气资源税改革能降低天然气资源的耗减成本,提高当代人对天然气资源的利用效率,调节代际利益效果微弱,但是却能显著降低天然气开采业的超额利润率,调节行业收入分配。这表明由于天然气开采业存在寡头垄断,天然气资源税改革仅是将收益在政府与企业之间进行了重新分配,并未通过价格传导机制,传递给下游消费者,因而天然气资源税改革的作用被极大地削弱。而在完全竞争的市场结构下，天然气资源税改革能够起到理想的效果。因此，要充分发挥天然气资源税改革的作用，就要加快天然气产业结构改革。

第二，推进能源价格体系改革。天然气是一种相对清洁的能源，是中国优化能源消费结构的抓手。在完全竞争市场结构下，天然气资源税改革将会提高天然气的生产成本，使得天然气在与煤炭、石油等高碳化石能源的竞争中处于不利地位。因此，政府在推动天然气开采业市场化进程、天然气资源税改革的同时要推进能源价格体系改革，综合考虑不同能源品种的清洁性，建立比价关系合理的能源价格体系，促进建立形成清洁低碳、安全高效的现代化能源供应格局。

第三，建立企业的转型或退出机制。未来随着天然气市场化进程不断推进，天然气资源税改革不断深化，将会优化产业结构，推动产业结构的高级化、合理化，有利于推动供给侧结构性改革；同时，也意味着一些企业存在转型或退出的压力，尤其是对于与天然气联系密切的甲醇、制氢、化肥等化学工业，面临生产成本上涨的压力，对不能承受天然气价格上涨冲击的相关行业企业，政府应给予适当帮助和引导，建立相关企业的转型或退出机制。

第四，灵活推进天然气资源税改革，支持非常规天然气发展。中国正着力发展天然气产业，提高天然气占一次能源的消费比重，未来天然气的需求将会增加。随着天然气产业市场化改革的逐步深入，天然气资源税改革的效应将会逐步凸显，征收天然气资源税在一定程度上不利于提高天然气占一次能源的消费比重；同时，当前国内非常规天然气的发展还处于起步阶段，征收资源税不利于非常规天然气的发展。因此，要加强对国内非常规天然气资源开发的支持力度，比如对非常规天然气采取减征资源税，以鼓励非常规天然气资源的勘探开发等。

第七章
天然气交叉补贴改革的政策模拟研究

第一节 天然气交叉补贴改革背景

长期以来,我国以煤为主的能源消费结构是造成我国诸多环境问题的重要原因。而在所有的化石能源中,天然气在燃烧过程中仅产生少量的二氧化碳,是相对清洁的化石能能源。当前,中国政府正在着力促进天然气对煤炭以及石油的替代,从而保证能源利用的清洁化,降低对环境的负面影响。

我国天然气资源赋存不足,国家出台了《天然气利用政策》,明确了天然气利用领域和顺序以及相关政策保障措施。从《天然气利用政策》的基本原则来看,要对天然气利用统筹兼顾,对天然气利用领域区别对待,确定利用顺序,特别指出要保民生、保重点、保发展。因此,民用天然气是国家综合考虑天然气利用的社会效益、环境效益以及经济效益的条件下优先利用天然气的领域。这也就不难解释,在发达国家工业用气价格相对民用气价格较低,而在中国则呈现出相反的情形。其根本原因就在于,民用天然气是国家优先鼓励利用的领域,天然气利用存在内部的交叉补贴,即以工业用气补贴民用气,从而鼓励民用气的发展。政府为了确保民用天然气的发展,对天然气采取交叉补贴,使得民用气价格长期低于工业用气价格。补贴虽然有利于民用天然气的发展,但是以交叉补贴的方式激励民用气的发展也存在诸多问题:一是受到补贴的居民用气价格低于真实价格,将会鼓励居民对天然气资源的过度消费,不利于提高天然气资源的利用效率;二是我国目前正在不断推进城镇化,随着未来农村居民不断转移到城市,居民用气需求将会大幅度增长,而由于存在交叉补贴,这一补贴数额将会更高,对政府财政造成压力;三是由于存在交叉补贴,工业用户对用气存在规模效应,在应该享受低价的同时付出了较高的价格,对工业用户有失公平。因此,改革天然气交叉补贴,对于确保天然气资源的合理利用,纠正天然气价格扭曲,促进社会收入分配公平具有重要意义。

从长远来看,以交叉补贴的方式激励民用天然气的消费,对天然气的正常价格造成扭曲,不利于资源的有效利用。2018年,国家发改委《关于理顺居民用气门站价格的通知》,提出对居民用气由最高门站价格管理改为基准门站价格管理,价格水平按非居民用气基准门站价格水平安排。通过本次价格改革,供需双方可以基准门站价格为基础,实现对居民用气门站价格协商确定的定价方式,特别是实现了居民与非居民用气价格机制的衔接,从而取消了天然气的交叉补贴。中国化石能源存在补贴,政府一直在致力于对化石能源补贴进行改革。对于天然气而言,取消天然气的交叉补贴将会引起居民天然气消费价格的上涨,不仅会对天然气产业产生影响,也会对居民消费、居民福利产生影响,更会通过价格传导机制对社会经济体系以及环境产生影响。有研究表明,能源补贴改革能够减轻财政负担,降低利率并激励私人投资,提升长期的竞争力和经济增长(如 Fofana 等,2009)。那么,天然气交叉补贴改革会产生何种影响呢? 笔者利用前述构建的关于中国天然气产业特征的非完全竞争可计算一般均衡模型,对取消天然气交叉补贴的政策效果进行了模拟,模拟结果为政府下一步制定相应的能源补贴改革政策提供参考依据。

第二节　能源补贴改革的作用机制

采用补贴的方式促进产业的发展是世界各国实现产业发展目标的重要手段。但是实施补贴,尤其是能源补贴存在诸多问题,会造成能源资源的浪费并可能会加重环境问题。对此,许多学者对能源补贴改革问题开展研究。Motlagh and Farsiabi(2007)运用 ECBA 模型考虑了社会福利以及环境质量的变化情况,认为能源补贴改革是有益的,在长期可以增加政府收入和经济增长。但是也有学者研究表明,能源补贴改革对经济影响程度以及对实际收入的影响方向存在不确定性(Burniaux et al.,1992)。学者对于能源补贴改革的研究,一个重点是关注能源补贴改革对居民的影响。Saboohi(2001)对伊朗能源补贴政策进行研究,由于社会普遍意识到能源补贴导致市场扭曲和福利损失,因此对能源补贴政策改革就显得十分必要,作者评价了能源补贴对资源分配的影响,估算了取消能源补贴对生活成本的直接影响和间接影响,认为可通过减少能源补贴并将之用于增加居民转移支付,从而补偿家庭购买力的下降,通过能源补贴改革及相关配套政策,可以实现资源配置更加合理并能对低收入群体进行适度帮助。津巴布韦 20% 的城市贫困人口使用电力,Dube(2003)对津巴布韦的能源补贴政策开展了研究,确定了城市贫困家庭在有无补贴的情况下,能够承担的电力成本。Kebede(2006)对埃塞俄比亚煤油和电力补贴对城镇居民购买力的影响进行分析,发现对煤油和电价的补贴不会显著改变家庭的总成本,即使贫困家庭也具备购买未经补贴的煤油的能力,对电力而言,如果采用固定成本分摊机制,一般贫困家庭也具有获得电力的购买力。除了关注能源补贴改革对居民的影响外,学者也对能源补贴改革对碳排放的影响开展了研究。IEA(2010)对化石能源补贴的研究表明,相比于不取消补贴,在 2011—2020 年逐步取消化石能源补贴,将会使得全球一次能源消费降低 5.8%,全球二氧化碳排放减少 6.9%。Hutchinson et al.(2010)对低碳能源生产补贴开展研究,认为补贴导致生产结构向清洁能源转变,但也会产生抵消性的消费效应,即由于补贴导致能源均衡价格下降从而使得能源消费增加。Hong et al.(2013)研究了中国能源补贴改革如何缓解中国的反弹效应以及如何实现减少财政支出、改善扭曲的能源市场,同时降低能源消耗的"经济效益和环境效益"。作者首先利用价差法计算了 2007 年中国能源补贴总规模,然后对中国能源消费的反弹效应进行识别,最后通过编制混合实物能源投入和货币产出模型,模拟了补贴改革的缓解效果,发现取消能源补贴将会使得煤炭、石油、天然气以及电力出现不同程度下降。Li and Lin(2017)认为尽管中国进行了一些价格改革,但是仍然在很大程度上对能源部门实行成本加成定价机制,政府对能源的行政性定价本质上属于能源补贴行为。作者估算了 2006—2010 年中国 22 个部门化石燃料的补贴水平,并采用价差法分析了取消能源补贴对各部门和能源类型的能源消耗和二氧化碳排放的影响,发现取消能源补贴能降低能源消耗与二氧化碳排放,但是对不同行业的影响存在差异。

国内学者采用不同的方法从不同的角度对能源补贴改革的影响开展了颇多研究。

第一,部分学者对化石能源补贴进行定性分析。李虹(2010)对化石能源补贴进行了研究,认为中国化石能源补贴改革会对居民产生不利影响,尤其是对低收入群体以及农民产生负面影响,提出政府应加大对城乡低收入居民以及新能源产业的支持力度,加强能源产业工人的技能水平。刘伟和李虹(2012)对化石能源补贴的相关研究进行了梳理总结,并分析了化石能源补贴改革中存在的难点。李志学等(2018)对中国新能源产业的价格补贴进行了研究,认为我国新能源价格补贴政策中还存在产品定价缺陷、补贴资金缺口以及发电上网障碍等问题,提出要完善新能源电价定价机制,加快体制改革以及提高新能源补贴效率等政策措施。这些采用定性分析的方式对能源补贴改革进行研究,因缺乏相应的实证结果作为根据,难以形成强有效的说服力。

第二,部分学者采用局部均衡分析、投入产出分析以及计量分析等方法对能源补贴改革的影响进行了研究。李虹等(2010)在估算了2007年中国燃气和电力补贴的基础上,对居民按照收入水平分成10组,采用投入产出模型,研究了取消补贴对不同收入水平居民的影响,发现取消补贴后对低收入阶层居民的影响较大。周勤等(2011)研究了能源补贴政策对中国出口产品竞争力的影响,发现能源使用成本较低提高了我国出口产品的竞争力,是造成外贸顺差与生态逆差的重要原因之一。何凌云等(2013)将内外能源价差与其他影响因素纳入计量模型中进行实证研究,发现内外能源价差对我国碳排放总量存在非对称效应,认为中国能源市场化改革要降低政府行政干预,从煤炭向石油、电力、天然气逐步推进。高新伟和闫昊本(2018)对新能源补贴问题进行了研究,发现在新能源产业的不同环节补贴政策效果不同,在中间环节实施生产补贴的新能源的产业发展最为有利,补贴政策设计需要科学合理,通过细化补贴方式、监督发放过程等相关措施能够持续推动技术进步,有利于新能源产业的良性发展。龚利等(2019)从区域的视角,采用投入产出法对中国化石能源补贴开展了研究,发现能源补贴呈现东中西依次递减的格局,能源补贴存在较强的空间相关性,取消能源补贴有利于促进节能减排,尤其是对东部地区的影响效果较为明显,但是取消化石能源补贴也会对居民生活产生负面影响。上述研究仅关注于能源补贴改革对某一方面的影响,或是在其他条件不发生变化的条件下能源补贴改革对经济变量的影响,难以全面量化分析能源补贴改革对环境经济的系统性影响。

第三,采用可计算一般均衡模型对能源补贴改革的系统性影响进行研究。姚昕等(2011)在估算了中国2007年能源补贴规模的基础上,采用可计算一般均衡模型模拟了取消化石能源补贴的环境经济影响,发现取消化石能源补贴能够显著降低一次能源消费以及二氧化碳排放,但是将对整个经济体系产生较大影响,不利于经济稳定,而在取消化石能源补贴的同时将其用于补贴清洁能源部门,对宏观经济会产生积极影响。刘伟和李虹(2014)利用价差法估算了 2007 年煤炭补贴规模以及补贴率,并采用可计算一般均衡模型模拟了取消煤炭补贴对碳排放的影响,结果表明取消煤炭补贴能够显著降低二氧化碳排放。王韬和叶文奇(2014)同样采用价差法估算了 2007 年中国电力和天然气的补贴规模,采用可计算一般均衡模型模拟了取消电力和天然气补贴对经济体系产生的影响,发现取消补贴后虽对宏观经济产生了一定程度的负面影响,但是却能降低单位 GDP 电力和天然气消耗,促进产业结构升级。张希栋等(2016)采用可计算一般均衡模型模拟了削减天然气补贴的环境经济影响,发现削减天然气补贴对宏观经济的影响较小,但是却能降低天然气产业的超额利润率,促进行业收入分配公平。

截至目前,中国能源补贴改革进展相对顺利,但是仍然存在交叉补贴的问题。林伯强等(2009)采用对中国居民用电交叉补贴进行了研究,发现中国居民用电交叉补贴没有针对性,需要进行补贴的贫困居民实际获得的补贴较少,而高收入群体则获得了较多的补贴,补贴存在无效率的情况,需要采取有针对性的补贴,降低对居民用电的补贴规模。林伯强和刘畅(2016)指出自 2013 年中国大幅削减化石能源补贴,到 2015 年为止财务意义上的化石能源补贴基本取消,但是对居民的交叉补贴现象严重,而煤炭消费具有较高外部成本,因而在考虑到外部成本后的能源补贴依然存在,对此政府应减少无效能源补贴,增加有效能源补贴,解决居民交叉补贴和减少环境外部成本。叶泽等(2019)认为当前中国电价交叉补贴不仅不具经济效率也有失公平,在社会福利最大化的目标下,设计了解决交叉补贴问题的阶梯电价方案,计算得到了最优阶梯电价方案。白彦锋等(2016)对天然气交叉补贴与城市燃气定价开展研究,提出要通过价格机制解决天然气领域的交叉补贴现象,建立健全居民的阶梯价格制度以及完善城市燃气相关政策等。白彦锋等(2018)运用价差法计算了中国天然气交叉补贴规模的大小,并研究了天然气交叉补贴对天然气供求的影响。

目前,关于天然气补贴改革的研究较为丰富,但对于天然气交叉补贴改革的研究甚少,对居民气价与工业气价统一以后,对环境经济体系会产生何种影响,并未有相关研究。因此,笔者在已有研究的基础上对中国天然气交叉补贴改革对经济体系以及大气污染物排放的影响进行相关研究。

第三节　政　策　模　拟

在进行取消天然气交叉补贴政策模拟之前,首先要明确天然气交叉补贴规模以及补贴率。2017 年,中国居民用气价格为 2.55 元/立方米,工业用气价格为 3.28 元/立方米;2017 年中国居民天然气消费量为 420.3 亿立方米,工业用天然气消费量为 1 575.2 亿立方米。[①] 因此,在假定政府对工业气价不存在补贴的情况下,以工业气价为基准价格,对居民天然气的补贴为306.82 亿元,补贴率为 22.26%。[②]

应用本书第四章构建的可计算一般均衡模型,亦可模拟取消天然气交叉补贴对中国环境经济体系产生的影响。以下主要从宏观经济、部门经济以及大气污染物排放三个方面对该问题进行分析。

一、对宏观经济的影响

取消天然气交叉补贴后对宏观经济的影响如表 7-1 所示。从模拟结果来看,取消天然气交叉补贴对宏观经济各指标的影响具有差异性,能够促进实际 GDP 增长 0.008%,但是同时也使得居民消费价格指数(CPI)上涨0.126%。

---

① 以上数据来源于《中国物价统计年鉴(2018)》。
② 补贴率=价差/基准价格。

表 7 - 1   对宏观经济的影响   单位：％

实际 GDP	0.008
CPI	0.126
进口	0.133
出口	−0.170
政府收入	0.288
政府购买	0.171
企业收入	−0.045
投资	0.164
居民收入	0.077
居民消费	−0.049
居民福利	−0.046
资本价格	−0.038
劳动价格	0.034
单位 GDP 天然气消耗	−0.511

（一）对政府的影响

取消天然气交叉补贴，政府收入增加 0.288％，政府有更多的资金用于政府购买以及政府储蓄，其中政府购买增加 0.171％。

（二）对居民的影响

取消天然气交叉补贴后，劳动价格上涨而资本价格下降，居民的劳动收入增长而资本收入下降，同时企业收入下降、政府收入增长，企业对居民的转移支付下降而政府对居民的转移支付增加，居民的净收入略有增加，为0.077％。但由于取消天然气交叉补贴导致物价水平上涨，居民的购买力下降，居民消费下降 0.049％，居民福利下降 0.046％。

（三）对企业的影响

取消天然气交叉补贴后，资本价格下降，则企业的资本收入降低。企业收入包括企业资本收入以及超额利润,而企业收入降低幅度超过资本价格降低幅度,表明企业的超额利润也下降。

(四) 对投资－储蓄的影响

取消天然气交叉补贴后,政府收入以及居民收入增长,则政府储蓄以及居民储蓄均有所增加,企业收入下降,企业储蓄有所降低,在储蓄－投资平衡的假定条件下,社会净储蓄有所增长,总投资也增长了 0.164%。

取消天然气交叉补贴后,国内物价水平上涨,商品的生产成本有所提高,在国际商品价格稳定的条件下,国内商品相对于国际商品竞争力下降,因而进口增加 0.133%,出口下降 0.170%。在进出口、投资、居民消费以及政府购买的综合作用下,最终使得实际 GDP 略有增长。此外,取消天然气交叉补贴后,单位 GDP 天然气消耗下降 0.511%,表明经济体系对天然气的节约意识增强,天然气资源的利用效率提升。

二、对部门经济的影响

取消天然气交叉补贴,将会引起居民用气价格上涨,并通过价格传导机制传递给经济体系中各种商品价格的变化,而经济体系中价格的变化将会使得不同要素以及商品的供给与需求发生变化,从而达到新的均衡状态。表 7-2 显示取消天然气交叉补贴后对部门经济的影响。

表 7-2　对部门经济的影响　　　　　　　　　　　单位：%

	劳动	资本	产出	成本	最终消费	最终消费价格	进口	出口
天然气开采业	−0.009	0.007	−0.002	0.019	−0.504	−0.037	−0.615	0.419
石油开采业	−0.443	−0.427	−0.435	0.009	−0.421	0.005	−0.406	−0.472
煤炭开采、洗选和加工业	0.084	0.104	0.087	0.028	0.093	0.026	0.173	−0.025

续　表

	劳动	资本	产出	成本	最终消费	最终消费价格	进口	出口
石油加工及核燃料加工业	0.380	0.410	0.392	0.027	0.403	0.026	0.481	0.269
燃气生产和供应业	−10.568	−10.399	−10.822	1.116	−10.822	7.239	0.000	0.000
电力、热力的生产和供应业	0.034	0.058	0.031	0.052	0.031	0.052	0.078	0.004
农林牧渔业	−0.004	0.023	−0.003	0.038	0.005	0.037	0.115	−0.140
化学工业	−0.031	−0.019	−0.042	0.050	0.003	0.049	0.149	−0.272
建筑业	0.160	0.191	0.169	0.035	0.169	0.035	0.000	0.036
交通运输、仓储和邮政业	−0.021	−0.046	−0.093	0.151	−0.007	0.154	0.453	−0.547
轻工业	−0.040	−0.002	−0.027	0.040	0.012	0.044	0.144	−0.207
重工业	0.026	0.061	0.038	0.035	0.081	0.035	0.185	−0.122
服务业	0.018	0.053	0.034	0.017	0.042	0.020	0.000	−0.017

（一）取消天然气交叉补贴将会提高居民用气的终端价格

由表 7-2 可知,燃气业的终端消费价格上涨 7.239%,经济体系内其他商品终端消费价格也均发生不同变化。不同产业部门将会根据商品价格变化以及要素价格变化,对中间投入以及要素投入进行重新组合,从而达到最小化生产成本的目的。取消天然气交叉补贴后,不同产业部门的产出发生变化,从而使得经济体系内产业结构有所调整。

（二）取消天然气交叉补贴对能源消费产生影响

从不同能源的价格变化来看,燃气业的最终消费价格上涨最高,达 7.239%,由于居民用气基本来自燃气业,居民用气价格上涨较高,其他能源如煤炭、石油以及电力的价格尽管有所上涨,但是涨幅相对较小,而天然气开采业最终消费价格有所下降,可能的原因在于取消天然气交叉补贴后,民用气价上涨导致居民用气量下降,对天然气生产企业造成冲击,降低了天然气生产企业的超额利润率,从而使得天然气的最终消费价格下降。从能源消费量的角度来看,取消天然气交叉补贴后,煤炭、石油、电力消费均有所增长,天然气以及原油的消费下降。

(三) 取消天然气交叉补贴对部门产出产生影响

取消天然气交叉补贴后,经济体系内除天然气开采业外,产业部门的最终消费价格均有所上升,导致经济体系中产业的生产成本提高。受生产成本上涨影响,天然气开采业、石油开采业、燃气业、农业、化学工业、交通运输业、轻工业的产出均出现不同程度下降,其余行业的产出略有增长。从要素的变化情况来看,受商品价格变动影响,资本与劳动在产业部门之间进行了重新配置,要素流动变化情况与部门产出变化情况基本一致。

此外,取消天然气交叉补贴后,民用气价上涨,居民对天然气的消费需求下降,不利于天然气生产企业超额利润率的增长。模拟结果显示,取消天然气交叉补贴后,天然气开采业的超额利润率下降 0.122%。

三、对大气污染物排放的影响

由表 7-3 可知,由于绝大多数化石能源品种消费下降,有利于经济体系降低二氧化碳以及氮氧化物排放,分别下降 0.227%、0.015%,但是由于能源消费中替代效应的产生,石油、煤炭的消费略有增长,导致二氧化硫以及粉尘颗粒排放分别增加 0.098%、0.095%。

表 7-3　对大气污染物排放的影响　　　　单位:%

二氧化碳	−0.227
氮氧化物	−0.015

	续　表
二氧化硫	0.098
粉尘颗粒	0.095

第四节　研究结论与政策讨论

本章通过采用构建的非完全竞争 CGE 模型模拟了取消天然气交叉补贴对中国环境经济的影响。得出的主要结论包括：第一，对宏观经济的影响。取消天然气交叉补贴促进了实际 GDP 的增长，但是也提高了居民消费价格水平，降低了居民消费以及居民福利。第二，对部门经济的影响。取消天然气交叉补贴使得经济体系各种产品以及要素的价格发生变化，提高了居民用气价格，导致燃气业产出以及消费下降，提高了经济体系绝大部分产业的终端消费价格，使得各产业部门的生产成本上涨，对部分产业部门的产出造成负面影响，但是降低了天然气生产企业的超额利润率，有利于行业之间的收入分配公平。第三，对大气污染物排放的影响。取消天然气交叉补贴导致居民用气消费下降，同时也降低了经济体系对工业用气、原油、煤炭、电力的消费，而对石油的消费有所增加，最终降低了经济体系二氧化碳及氮氧化物的排放，但是二氧化硫及粉尘颗粒的排放略有增长。

由于中国天然气资源相对稀缺，政府制定了天然气优化利用政策。民用天然气关涉民生用途，是国家天然气利用的优先领域，鉴于民用天然气的基本民生特点，国家对民用天然气实行低价政策。在民用气发展的初始阶段，实行较低的民用气价格，推动天然气在民用领域的利用无可厚非。随着中国城市化进程不断推进，未来将有更多的居民从乡村转移到城镇，居民用气将会大幅度增长。假如不对天然气交叉补贴进行改革,一方面政府将会承担更多的财政支出以补贴民用天然气,另一方面民用气价低于天然气的真实价格,不利于居民提高天然气资源的利用效率,容易造成天然气资源的浪费。加之,中国天然气供应企业为寡头垄断企业,对民用天然气进行补贴,将会增大居民对天然气的消费需求,天然气垄断企业也会因此获得更多的超额利润,对行业之间的收入分配公平造成负面影响。结合我国实际以及实证分析结果,笔者认为我国取消天然气交叉补贴后,政府应该做好以下工作:

第一,对居民尤其是低收入居民设计合理的补偿机制,以应对取消天然气交叉补贴带来的不利影响。取消天然气交叉补贴,天然气价格上涨,增加了居民的用能成本,特别是对低收入群体的生活质量产生负面影响。根据模型的模拟结果,取消天然气交叉补贴,尽管能够增加居民收入,但是由于物价水平提高,最终导致居民消费下降,居民福利受损。对高收入群体而言,天然气价格对其生活质量的影响较小,而低收入群体则对价格变化比较敏感。因此,取消天然气交叉补贴,应该对低收入居民群体设计合理的补偿机制,如增加政府对低收入居民群体的转移支付,或者设计更为合理的阶梯气价机制,对低收入居民群体进行合理补贴。

第二,对页岩气、致密气以及煤层气等非常规天然气进行补贴。天然气交叉补贴的存在对于促进天然气在民用领域的应用有着较大的促进作用。当前,我国正在着力推进非常规天然气的开发利用,争取实现多种气源供应的市场格局。然而,我国非常规天然气还面临开采技术、无歧视准入以及生产成本较高等一系列问题。非常规天然气在我国依然属于发展的初始阶段,借鉴对天然气进行交叉补贴的做法,可对非常规天然气进行一定补贴,如将原本居民用气补贴用于补贴非常规天然气的发展。

第三,形成合理的能源比价关系。取消天然气交叉补贴后,模拟结果显示,绝大多数化石能源的使用均下降,而石油的消费有所增长,因而在二氧化碳、氮氧化物排放下降的同时,二氧化硫、粉尘颗粒的排放略有增长。因此,取消天然气交叉补贴,完善了天然气价格规制改革,下一步要注意理顺天然气与其他化石能源的比价关系,全面反映煤炭、石油的环境成本,增加天然气对煤炭、石油的有效替代,降低大气污染物的排放。

第八章
天然气市场化改革的政策模拟研究

第一节　天然气市场化改革背景

　　中国以煤为主的能源消费结构受到诟病，排放大量二氧化碳，是导致雾霾问题的重要原因之一。为了改善国内空气质量以及应对全球气候变化，中国正在着力调整能源消费结构。大力发展天然气产业，推动天然气在一次能源中消费比重的提升是我国能源发展战略的重要内容之一。国家发改委发布《能源生产和消费革命战略（2016—2030）》，提出2021—2030年天然气占总能源的消费总量占比达到15％左右。因此，从我国能源转型发展的要求以及国家能源战略发展的目标来看，均需要继续推动天然气产业的发展。

　　发展天然气产业，需要为天然气产业提供良好的制度环境。当前，国家正在抓紧对天然气产业进行体制和价格改革。就天然气产业体制改革而言，国家的目标是逐步引入除中石油、中石化、中海油以外的天然气生产企业进入天然气开采业，推动形成多元市场主体的市场结构，同时推动第三方无歧视准入，提高天然气产业的竞争程度；就天然气产业价格规制改革而言，国家的目标是放开两头，管住中间，仅对具有自然垄断性质的管道运输业进行严格的价格管制，放开天然气开采业的出厂价格以及终端销售价格，由市场竞争形成。

鉴于此,本章对中国天然气价格改革的最终目标,即打破垄断、引入市场竞争机制进行政策模拟,着重分析中国天然气市场化改革对实际 GDP、居民福利以及部门经济的影响,从而全面量化分析天然气产业市场化改革的经济影响,为政府制定相应政策提供参考依据。

第二节　天然气市场化改革的作用机制

一般而言,由于行业性质的不同,适合的市场结构也不相同。如具有规模经济性、范围经济性的行业,如果由于某种制度安排,形成了竞争性的市场结构,容易导致重复投资、经济低效益等情况,垄断性的市场结构更具经济效率。而本身属于竞争性的行业,由于政府采取的政策措施,形成了垄断性的市场结构,则不仅会降低行业的运行效率,还会由于政府需要对垄断性行业进行管制而增加政府的运行成本,导致社会运行成本上升。

对天然气产业而言,天然气开采业以及下游销售环节具有可竞争性,仅管道运输业具有强自然垄断性质。从西方发达国家对天然气产业的市场化改革来看,也是采取放开天然气开采业的生产价格以及下游天然气销售价格,仅对管道运输业进行严格监管,从而实现天然气产业的市场化,快速推动了天然气产业的发展。学者对北美、欧洲率先开展天然气市场化改革的地区进行了研究,其重点集中于天然气市场化改革的效果评估方面。Brown and Yucel (2008)针对美国天然气产业监管体制改革进行研究,认为天然气终端用户对天然气的消费行为存在差异,商业和居民用户只能通过地方配气公司购买天然气,价格受到政府管制,电力和工业用户不仅能通过地方配气公司购买天然气,还能通过期货市场采购天然气,更可通过其他能源替代天然气的使用,因而电力和工业用户的天然气价格更接近市场化。Mohammadi(2011)针对美国天然气市场化改革的情况,对美国天然气市场化改革的效果进行了研究,发现天然气上游价格能够传导给下游,使得上下游价格呈现相同方向变化,但是天然气上游价格变化对发电用气、工业用气以及居民和商业用气的价格影响不同,表明美国天然气市场在一定程度上实现了市场化,但仍然受体制机制的影响。Olsen et al.(2015)对美国和加拿大的 11 个天然气市场展开研究,发现天然气产业市场化改革使得美国和加拿大的天然气市场化程度加深,呈现市场一体化的特点。Scarcioffolo et al.(2018)对放松管制后美国的天然气市场进行研究,发现美国天然气市场平均在短期与长期均显示出一体化。此外,欧洲国家也对天然气市场化改革进行了诸多努力,取得了一定成效。欧盟先后推出三项天然气产业改革指令,主要内容包括实行管网第三方准入,将管道运输业务从天然气产业中剥离出来,明确欧盟天然气产业规制改革的目标,形成一体化的欧盟天然气市场。Robinson(2007)对芬兰、法国、爱尔兰、荷兰、西班牙、英国的天然气市场一体化程度进行检验,发现对绝大多数国家而言,天然气市场价格趋同,初步形成了欧盟内部一体化的天然气市场。Renou-Maissant(2012)则对法国、意大利、英国、比利时、德国、西班牙的天然气市场进行分析,着重研究了西欧 6 国在1991—2009 年工业用气价格的变化情况,认为自 2001 年后,西欧 6 国的工业用气天然气价格开始趋同,天然气市场化程度加深。Mihaela(2018)对欧洲天然气市场进行了研究,认为欧洲天然气市场自由化取得了较好的效果,不仅降低了能源利用价格,还提高了欧洲国家的能源供应安全。

　　从学者对北美以及欧洲地区的天然气市场化改革来看,天然气市场化改革产生了诸多良好的效果。但是不同国家的天然气市场发展阶段不同,其发展模式也具有较大差别,许多国家仍然对天然气产业进行严格管制,如俄罗斯、中国等。学者对这类国家的天然气市场化改革也开展了研究,主要集中于政府管制改革方面。Tarr and Thomson(2004)对俄罗斯天然气定价方式进行了研究,指出:由于俄罗斯天然气资源丰富且基本由俄罗斯天然气工业股份公司垄断经营,因此在国内与国际天然气市场上均具备较强话语权。俄罗斯长期对天然气出口价格实行高价而对国内以及独联体国家收取较低的价格,有利于保障国内用户及独联体国家的利益。如果对俄罗斯天然气价格定价机制进行改革,实行统一的天然气价格,将会降低天然气出口收入,也会对国内以及独联体国家的产出产生负面影响。因此,现行的双重定价机制对俄罗斯更为有利。Grigoryev(2007)研究认为,对俄罗斯天然气产业实行市场化改革,将会提高国内天然气消费价格水平,对国内居民福利产生负面影响,同时也提高了国内各产业部门的生产成本,对经济体系造成负面冲击,因而俄罗斯政府不应对天然气产业进行市场化改革,更合理的政策选择在于对天然气产业进行合理规制,确保天然气供应企业获得合理的投资回报率。也有学者对此持不同意见,认为俄罗斯有必要实行天然气产业的市场化改革。Locatelli(2003)认为,俄罗斯天然气工业改革是俄罗斯能源工业发展面临的重要挑战之一,应该对俄罗斯天然气进行市场化改革,但是改革应该考虑到其对经济体系的负面影响以及利益相关者的利益,应逐步引入市场竞争机制。与上述学者的观点不同,Tsygankova(2010)认为俄罗斯天然气产业是否要实行天然气市场化改革,应该要考虑俄罗斯天然气工业股份公司在欧洲市场份额与俄罗斯市场份额的大小,如果实行市场化改革,对俄罗斯天然气工业股份公司进行拆分,只有当俄罗斯工业股份公司在欧洲市场份额较小而在俄罗斯市场份额较大时,俄罗斯国家福利才会增加。因此,俄罗斯是否要对天然气产业进行市场化改革,取决于其生产的天然气在欧洲市场以及国内市场的份额。Kirsanov et al.(2018)对俄罗斯的自然垄断问题进行了分析,认为俄罗斯工业股份公司的管理效率较低,使得国家的税收收入下降,因而俄罗斯应该将行政管理与经济控制相结合,以此为基础对天然气产业进行改革,进而提高国家财政税收收入,改善人民生活质量。学者对俄罗斯天然气市场化改革的研究表明,俄罗斯天然气市场要实现完全的市场化在目前而言并不现实,而是需要渐进性的改革,对天然气产业实行更加有效的政府管制。

与俄罗斯天然气市场情况类似,中国天然气市场也具有高度垄断的特征。中国政府正在着力推动天然气市场化改革,许多学者对此进行了研究,取得了一定成果。在我国天然气价格改革的早期阶段,檀学燕(2008)认为我国天然气价格未能建立与可替代能源合理的比价关系,不能反映天然气的供求关系,其价格偏离了真实价值;随后,中国对天然气价格进行改革,对天然气价格的定价从成本加成法向市场净回值法转变。王婷等(2012)主要针对天然气价格上涨产生的经济影响进行模拟,结果表明天然气价格改革对中国宏观经济影响较小,但是对于居民的影响较大,需要针对居民采取适当的措施进行合理补偿。Paltsev and Zhang(2015)认为中国对天然气定价从成本加成法向市场净回值法转变的过程中,天然气价格更加可预测、更加透明,但是当前天然气定价仍然受到政府规制,并未形成由天然气供需双方共同决定的竞争性的天然气市场。张颙等(2018)对中国天然气市场化改革问题进行研究,认为中国天然气市场化改革的总体思路在于"放开两头、管住中间",中国天然气市场化改革的下一步应促使运销分离,放开天然气的气源价格以及门站销售价格,对管道运输业以及下游配气环节实行严格的价格管制;发展天然气交易中心,促进形成能够反映天然气真实供需的价格形成机制。刘满平(2018)对中国天然气价格改革问题进行了分析,认为中国天然气价格改革要放开直供用户用气门站价格,以此为基础,放开非居民用气价格,形成市场基准价格;下一步,中国应继续推进非居民用气价格市场化改革,采取措施消除交叉补贴,建立天然气上下游协同的定价机制,推动建立峰谷定价,反映天然气的调峰价值,推进天然气交易中心建设,以市场供需决定市场价格;同时还要制定相应的配套政策,促进天然气市场化改革有序推进。经过近年来中国对天然气的市场化改革,仍然还存在诸多问题需要解决,如当前中国天然气产业依然缺乏自由化、天然气进口仍然不能完全根据天然气市场供需变化进行调整等(Shi et al.，2017)。Sun et al.(2018)对中国天然气市场化改革的研究表明，目前中国天然气定价体系依然受到政府高度管制，天然气管道运输业务垄断程度较强，国有油气集团公司在中国天然气市场中占据主导地位，中国天然气市场化改革要放松天然气定价机制，将管道运输业务从天然气产业中剥离出来，继续推进第三方公平准入等，中国天然气市场化改革需要较长时间。针对当前中国天然气价格改革的进展，还有学者对中国天然气价格改革进行了预判。吴刚强(2018)认为当前中国不断推进天然气行业价格市场化，未来中国将会在环渤海、长三角、珠三角等天然气利用较普及的地区针对天然气价格市场化进行试点，未来天然气交易中心的价格将成为天然气市场价格的标准；中国应尽快督促相关主管部门，理顺天然气价格，形成不同气源相互竞争的市场格局。

我国已经放开了页岩气、煤层气、煤制气等非常规天然气气源价格，并允许社会多元主体参与非常规天然气的生产开采过程。但是，我国常规天然气气源价格尚未放开，并且其生产和开采仍然掌握在中石油、中石化、中海油三大国有油气集团公司手中。而中国天然气市场化改革的最终目标就是"放开两头、管住中间"，放开天然气气源价格，推动多元生产主体共同生产和开采天然气，最终形成不同气源之间相互竞争的市场格局，这是中国天然气市场化改革的最终目标。在此，笔者对这一政策情景进行模拟分析。

第三节　政　策　模　拟

本节对中国天然气产业市场化改革的经济影响进行全面量化模拟，主要分析在天然气开采业引入市场竞争机制后对经济体系产生的影响。基于中国天然气开采业行政垄断特征明显,天然气的生产与供应基本由中石油、中石化、中海油三家企业寡头垄断经营,天然气开采业存在一定的规模报酬递增特征(王克强等,2013)。借鉴 Akkemik and Oguz(2011)对电力业政府价格规制的刻画方式,对天然气开采业价格规制的刻画如式所示:

$$R^* \cdot K^* = (1+\tau) \cdot R \cdot K, \tau \in [0, 1] \tag{8.1}$$

其中,R^* 与 R、K^* 与 K 分别表示取消政府价格规制之前与之后的资本价格、资本需求;τ 表示天然气开采业部门的投资回报率。采取前文建立的可计算一般均衡模型进行变动。主要变动在于均衡模块,设置了两种闭合规则。一是遵循原有的闭合方式,即假定资本与劳动供给总量固定,且可以在部门之间进行自由流动(长期比较静态模拟);二是改变了对资本的假定,即假定劳动总供给量固定,且可以在部门之间自由流动,而各部门的资本外生给定,不能在部门之间自由流动(短期比较静态模拟)。因此,在长期比较静态条件下,由于资本总供给量外生,资本可在部门之间自由流动,则资本总量的价格在政府价格规制取消之前与之后均为同一价格,因而式(8.1)可化简为 $K^* = (1+\tau) \cdot K$;在短期比较静态条件下,由于各部门资本外生给定,资本不能在部门之间自由流动,则各部门的资本在政府价格规制取消之前与之后均相等,因而式(8.1)可化简为 $R^* = (1+\tau) \cdot R$。参考国家发改委(2016)发布的《天然气管道运输定价成本监审办法(试行)》对天然气管道投资回报率的标准,同时考虑本节模拟研究的需要,假定天然气开采业的投资回报率水平为 12%。

在前文构建的可计算一般均衡模型基础上,分别采用短期比较静态模拟(A)、长期比较静态模拟(B)对取消天然气价格规制、实现天然气开采业市场化改革进行模拟研究。天然气市场化改革对宏观经济的影响如表 8-1 所示,短期内以及长期内天然气市场化改革对部门经济的影响模拟结果分别如表 8-2、表 8-3 所示。

表 8-1 对宏观经济的影响 单位：%

	A	B
实际 GDP	0.518	0.005
居民收入	0.367	0.002
居民福利	0.565	0.006
CPI	−0.197	−0.004
政府收入	0.073	0.006
政府购买	0.278	0.007
企业收入	0.123	−0.001
投资	−0.594	−0.035
进口	−0.585	−0.029
出口	2.030	0.059
平均资本价格	−0.039	−0.001
劳动价格	0.490	0.002

表 8-2 对部门经济的影响（A） 单位：%

	产量	成本价格	最终消费	最终消费价格	进口	出口	劳动需求	资本价格
天然气开采业	11.789	−1.994	1.227	−0.731	−0.976	21.168	11.583	−1.204
石油开采业	1.036	−0.548	0.209	−0.287	−0.651	3.281	0.802	0.026
煤炭开采、洗选和加工业	0.102	−0.291	0.033	−0.274	−0.788	1.277	−0.052	−0.626
石油加工及核燃料加工业	0.347	−0.353	0.209	−0.346	−0.826	1.993	−0.412	0.510
燃气生产和供应业	0.395	−0.366	0.395	−0.366	0.000	0.000	0.223	0.294

续　表

	产量	成本价格	最终消费	最终消费价格	进口	出口	劳动需求	资本价格
电力、热力的生产和供应业	0.226	−0.447	0.226	−0.448	−0.179	0.451	0.036	−0.343
农林牧渔业	0.438	0.194	0.478	0.186	1.039	−0.261	0.385	0.300
化学工业	1.026	−0.354	0.701	−0.348	−0.346	2.687	0.175	1.092
建筑业	−0.627	−0.234	−0.631	−0.234	−1.327	0.262	−0.881	−1.316
交通运输、仓储和邮政业	0.688	−0.369	0.474	−0.377	−0.659	1.811	0.253	0.147
轻工业	0.728	−0.172	0.559	−0.190	−0.014	1.510	−0.030	0.387
重工业	0.643	−0.352	0.205	−0.351	−0.846	2.289	−0.134	0.424
服务业	0.551	−0.326	0.401	−0.375	0.000	1.540	0.144	−0.195

表 8 - 3　对部门经济的影响（B）　　　　　单位：%

	产量	成本价格	最终消费	最终消费价格	进口	出口	劳动需求	资本需求
天然气开采业	9.949	−1.687	1.155	−0.613	−0.695	17.691	9.913	−1.886
石油开采业	−0.018	−0.002	−0.021	−0.001	−0.025	−0.009	−0.018	−0.018
煤炭开采、洗选和加工业	−0.022	−0.002	−0.022	−0.002	−0.029	−0.013	−0.022	−0.022
石油加工及核燃料加工业	−0.016	−0.004	−0.018	−0.004	−0.031	0.004	−0.021	−0.017
燃气生产和供应业	0.034	−0.037	0.034	−0.037	0.000	0.000	0.026	0.022
电力、热力的生产和供应业	0.005	−0.003	0.005	−0.003	0.002	0.007	0.004	0.004

续　表

	产量	成本价格	最终消费	最终消费价格	进口	出口	劳动需求	资本需求
农林牧渔业	0.004	−0.001	0.004	−0.001	0.001	0.008	0.004	0.005
化学工业	0.027	−0.014	0.014	−0.014	−0.027	0.092	0.006	0.026
建筑业	−0.032	−0.003	−0.032	−0.003	−0.042	−0.019	−0.032	−0.031
交通运输、仓储和邮政业	0.000	−0.002	−0.001	−0.002	−0.007	0.007	−0.001	0.001
轻工业	0.006	−0.003	0.003	−0.003	−0.006	0.018	0.004	0.007
重工业	0.001	−0.005	−0.005	−0.005	−0.019	0.023	−0.004	0.002
服务业	0.001	0.000	0.001	0.000	0.000	0.002	0.000	0.002

一、对宏观经济的影响

与基准情景相比,取消政府对天然气开采业的价格规制、实现天然气开采业市场化改革后,无论在短期内还是在长期内均促进了实际 GDP 的增长,降低了居民消费价格指数。

（一）对政府的影响

天然气市场化改革之后,短期内政府收入增长 0.073％,政府购买增加 0.278％,而在长期内政府收入增加 0.006％,政府购买增加 0.007％。

（二）对居民的影响

短期内天然气市场化改革之后,由于劳动价格上涨,平均资本价格下降,净要素收入具有不确定性,政府收入增加,政府对居民的转移支付有所增长,企业收入增加,企业对居民的转移支付增加,净效应是居民收入增长 0.367％,同时由于物价水平下降,居民福利水平上升 0.565％;长期内天然气市场化改革之后,劳动价格上涨,资本价格下降,工资收入增长而资本收入下降,政府收入增加,企业收入下降,政府对居民的转移支付增加,企业对居民的转移支付下降,净效应是居民收入略有增长,增长幅度为0.002％,而物价水平下降0.004％,最终使得居民福利增长0.006％。

（三）对投资-储蓄的影响

短期内天然气市场化改革后,居民收入、企业收入以及政府收入均增加,则居民储蓄、企业储蓄以及政府储蓄均有所增长,社会总储蓄包括居民储蓄、政府储蓄、企业储蓄以及国外储蓄,社会总储蓄水平下降,而投资-储蓄平衡,总投资有所下降;长期内天然气市场化改革后,居民收入以及政府收入增加,企业收入下降,则居民储蓄以及政府储蓄增加,而企业储蓄下降,净效应是社会总储蓄下降,因而总投资也下降。

对天然气进行市场化改革之后,无论在短期内还是长期内,进口有所降低而出口则出现一定程度增长,在居民消费、政府购买以及总投资的综合作用下,实际GDP均有所增长。

二、对部门经济的影响

从表8-2、表8-3的模拟结果来看,天然气市场化改革之后,天然气价格由市场供求决定,形成了市场化的定价方式,较之以往政府定价的方式,发生了较大变化,而天然气价格的调整将会通过经济体系的各种实物流以及名义流对经济体系产生影响,要素以及各种商品在不同产业部门和经济主体之间重新配置,最终达到新的市场均衡状态。与以往的市场均衡状态相比,原本的资源配置效率发生变化,下面着重分析资源配置效率变化之后对部门经济的影响。

（一）对天然气部门本身的影响

实行天然气市场化改革之后,由于在行业中引入市场竞争机制,市场竞争程度增强,行业内生产企业通常会改善管理水平、提升生产技术水平,从而优化生产投入结构,在行业竞争中获取竞争优势。根据模拟结果,短期内以及长期内天然气开采业的生产成本均下降,降幅分别为1.994％、1.687％。由于生产成本降低,价格信号将会传导给下游消费者,使得国内天然气消费成本下降,不同产业部门利用天然气的成本下降,不同产业部门在优化生产要素以及中间投入的同时,降低了生产成本。

此外,国产天然气成本下降,天然气产量水平提升,国内天然气相比于进口天然气将会更具竞争优势,使得国内天然气进口下降,出口增加,有利于保障我国天然气供应安全。

(二)对能源消费结构的影响

天然气市场化改革之后,天然气的生产成本下降,天然气的国内消费价格下降,同时会对不同能源品种的价格产生影响,从而导致不同能源的供需发生变化。在短期内,天然气、燃气、原油、石油、煤炭以及电力的消费出现不同程度增长;在长期内,天然气、燃气以及电力的消费均有不同程度增长,而石油、煤炭的消费出现不同程度下降。从长期来看,天然气市场化改革后,促进了天然气、燃气以及电力等相对清洁能源的利用,降低了煤炭以及石油的消费,这与国家能源发展战略中调整能源消费结构、促进能源利用的低碳化与清洁化的发展目标是一致的。

(三)对要素配置的影响

天然气市场化改革之后,要素价格发生变化,不同产业部门对要素的支付意愿也发生变化,要素在不同产业部门之间进行重新配置。短期内,天然气部门的资本价格下降;长期内,天然气部门的资本需求下降。这表明:天然气市场化改革后,天然气部门对资本的支付意愿下降,其他产业部门对资本的支付意愿则上升,因而资本将会从天然气部门流向其他产业部门。对其他产业部门而言,短期内,石油加工业、化学工业以及重工业等资本价格上涨,而在长期内这些产业部门的资本将会增加。短期内,由于假定部门资本外生,资本并不能在部门之间进行自由流动,部门资本仅价格发生变化,但是劳动可以在部门之间自由流动,要素配置在一定程度上变得更加有效;长期内,劳动与资本均可以在部门之间自由流动,整个经济体系的要素配置效率得到明显提升,天然气市场化改革的经济效果得以完全释放。

三、对大气污染物排放的影响

结合表8-2、表8-3的模拟结果来看,天然气市场化改革通过影响能源消费结构,进而影响大气污染物的排放。短期内,天然气市场化改革促进了各种能源品种的消费,最终使得二氧化碳、氮氧化物、二氧化硫、粉尘颗粒排放均增加;长期内,天然气市场化改革使得天然气的价格降低,并降低了煤炭以及石油的消费,使得能源消费中的替代效应得以显现,最终仅使二氧化碳排放增加,而降低了氮氧化物、二氧化硫以及粉尘颗粒的排放,有利于缓解雾霾问题。

表8-4　对宏观经济影响　　　　　　　　　单位:%

	A	B
二氧化碳	9.447	0.037
氮氧化物	7.844	−0.001
二氧化硫	9.085	−0.022
粉尘颗粒	10.816	−0.022

综上所述,天然气市场化改革使得资源配置更有效率,促进了经济体系中效率的改善,最终使得实际GDP有所增长。实际GDP的增长可从供给侧和需求侧两方面进行分析:在供给侧,天然气市场化改革一方面使得天然气部门的管理水平提升、技术水平提高,降低了天然气的生产成本,使得各产业部门利用天然气的成本减少;另一方面促进了生产要素的配置,使得各产业部门优化了生产要素投入。在需求侧,天然气市场化改革导致要素配置更加有效,居民收入水平提升,刺激了居民消费的增长,经济体系的总需求也有所增长。

第四节 研究结论与政策讨论

本章的模拟结果表明,天然气市场化改革产生的环境经济影响主要包括三方面。一是能够促进实际 GDP 的增长,降低物价水平,改善居民福利,对宏观经济产生正向影响。二是促进经济体系要素配置更加合理,降低部门生产成本,增加部门产出,提高了经济效率,降低了国内天然气的生产成本,增加了国产天然气的产量,降低了天然气进口,增加了天然气的出口,有利于保障天然气的供应安全,增加了天然气的最终消费。三是在长期内,天然气市场化改革还有利于改善能源消费结构,降低氮氧化物、二氧化硫及粉尘颗粒的排放。研究结果表明,天然气进行市场化改革,对宏观经济、居民福利以及产业绩效均产生正向影响。本章的研究结果具有以下政策含义:

第一,破除行政垄断,引入多元竞争主体,制定更具操作性的法律法规。从西方发达国家对天然气产业市场化改革的经验来看,要引入多元竞争主体,形成不同气源相互竞争的市场格局。2012 年,国务院发布《关于鼓励和引导民间投资健康发展的若干意见》,指出鼓励民间资本参与石油天然气建设,支持民间资本进入油气勘探开发领域;同年,国务院发布《中国的能源政策(2012)》白皮书,鼓励民间资本参与能源资源勘探开发。但是从实际执行来看,中国天然气开采业依然集中在中石油、中石化、中海油三家国有油气集团公司手中。其主要原因:国家对于民间资本进入天然气开采业缺乏相应的具有操作性的法律规范,从而使得鼓励民间资本进入的改革方向迟迟得不到落实。

第二,完善矿权流转机制。政府已经放开了一部分非常规天然气区块,可由社会多元主体进行勘探。而中国油气区块主要集中在中石油、中石化、中海油手中,同时常规天然气与非常规天然气油气区块具有相当大的重叠。

如何对油气区块进行流转就显得非常重要,否则可能出现"圈而不探、探而不采"的现象。因此,需要建立完善的矿权流转交易机制,解决部分企业拥有较多的油气资源区块但是缺乏相应的生产能力或技术开采能力的问题,也有助于更有效地利用油气区块资源。

第三,深入推动第三方准入政策的执行。天然气产业内企业一旦形成了上中下游一体化运营的模式后,将会利用其全产业链的优势,与其他单一运营模式企业开展"不公平"竞争,如通过交叉补贴的方式降低其在某一生产环节的成本,从而给竞争对手造成压力。因此,天然气市场化改革较为完善的地区通常将管道运输业务与生产、销售业务剥离开来,建立独立的管道运输公司,实行第三方公平准入的政策,从而促进天然气产业竞争性环节的"公平"性。国家已于2019年12月成立了国家石油天然气管网集团有限公司,标志着油气管道运输业务将从油气产业链中剥离。下一步,国家要制定完善的法律规范,确保国家管网公司能够对天然气以及非常规天然气提供无歧视的第三方准入服务。

第四,鼓励社会多元主体以及国外油气企业进入天然气开采业。鼓励社会多元主体进入天然气及非常规天然气开采环节,尤其是鼓励吸引外资、加强与国际技术先进企业在天然气以及非常规天然气开采环节的合作。借助社会多元主体以及国外先进企业在资本以及技术方面的优势,激励国内生产企业改善管理水平,提升技术实力。

参考文献

中文：

白彦锋,郭焦锋,乔路.天然气领域交叉补贴与城市燃气定价方法研究[J].财政科学,2016(2)：57-64.

白彦锋,王秀园,郭焦锋."气荒"与我国天然气价格交叉补贴问题研究[J].经济研究参考,2018(19)：38-46,64.

曹爱红,韩伯棠,齐安甜.中国资源税改革的政策研究[J].中国人口·资源与环境,2011(6)：158-163.

曹琛.我国天然气定价机制研究[D].中国石油大学,2007.

查冬兰,周德群,孙元.为什么能源效率与碳排放同步增长——基于回弹效应的解释[J].系统工程,2013(10)：105-111.

查冬兰,周德群.基于CGE模型的中国能源效率回弹效应研究[J].数量经济技术经济研究,2010(12)：39-53.

柴建,卢全莹,邢丽敏,等.中国天然气产业的发展过快了吗?[J].管理评论,2017(8)：23-32.

陈素梅.北京市雾霾污染健康损失评估：历史变化与现状[J].城市与环境研究,2018(2)：86-98.

陈晓鹏,成升魁,吴良.中亚主要能源出口国地缘政治风险的度量与评价[J].资源科学,2018(4)：773-783.

陈宇峰,陈准准.能源冲击对中国部门间劳动力市场需求结构的影响[J].国际贸易问题,2012(4)：16-29.

陈宇峰,章源升.能源价格冲击能否改善区域的产业效率——来自杭州的经验证据[J].浙江社会科学,2013(8)：29-39.

陈宇峰,朱荣军.能源价格高涨会诱致技术创新吗?[J].经济社会体制比较,2018(2):140-150.

丁志华,李文博.石油价格波动对我国物价水平的影响研究——基于高对外依存度的视角分析[J].价格理论与实践,2014(10):68-70.

董梅,徐璋勇,李存芳.碳强度约束的模拟:宏观效应、减排效应和结构效应[J].管理评论,2019(5):53-65.

董秀成,孔朝阳.基于供应链角度的中国天然气进口风险研究[J].天然气工业,2017(5):113-118.

杜晓梅,廖特明,张淑英.我国天然气定价机制及存在的问题分析[J].中国科技信息,2005(18):65-65.

冯雁,沈晓悦,贾蕾,等.从天然气供需关系看我国"气荒"原因[J].环境与可持续发展,2018(6):142-144.

高鸿业等.西方经济学(微观部分·第6版)[M].北京:中国人民大学出版社,2014.

耿江波.国际天然气市场及中国液化天然气供应安全策略研究[D].中国科学技术大学,2014.

龚利,张增凯,段德忠,等.中国化石能源补贴区域分布及改革影响效应研究[J].地理科学,2019(1):101-109.

郭国峰,郑召锋.国际能源价格波动对中国股市的影响——基于计量模型的实证检验[J].中国工业经济,2011(6):26-35.

郭明晶,卜炎,陈从喜,等.中国天然气安全评价及影响因素分析[J].资源科学,2018(12):2425-2437.

郭晴,帅传敏,帅竞.碳关税对世界经济和农产品贸易的影响研究[J].数量经济技术经济研究,2014(10):97-109.

郭志,唐绍祥,王鹏.基于CGE模型的能源政策效果模拟分析[J].商业研究,2014(2):44-50.

韩国高.国际油价冲击对制造业企业投资影响的分析[J].山西财经大学学报,2016(7):50-59.

何建武,李善同.二氧化碳减排与区域经济发展[J].管理评论,2010(6):9-16.

何伟,宋国君,刘帅.城市PM2.5污染健康损失与防治费用效益估算——以本溪市为例[J].环境保护科学,2018(1):66-72.

赫永达,孙巍.国际天然气价格波动对居民生活及产业结构的影响——基于非完全竞争CGE模型的政策模拟[J].云南财经大学学报,2017(3):72-81.

胡奥林,董清.中国天然气价格改革刍议[J].天然气工业,2015(4)：99－106.

胡奥林,王小明.天然气供应安全及其应对策略[J].天然气工业,2008(10)：125－129.

胡洪斌.中国产业进入规制的经济学分析[M].北京：中国社会科学出版社,2014.

胡小夫,易梓仪,肖克勤.我国天然气市场消费量预测与发展趋势研究[J].天然气技术与经济,2016(2)：57－60.

黄蕊,王铮,刘昌新,等.基于可计算一般均衡模型的能源价格变动对新疆经济的影响[J].生态经济,2012(4)：52－57.

姜子昂,何春蕾,段言志,等.我国天然气价格理论体系构建的思考[J].价格理论与实践,2016(7)：61－64.

金成晓,张东敏,王静敏.我国油气资源税由从量计征改为从价计征的政策效应——基于双重差分法的计量分析[J].财经理论与实践,2015(5)：90－96.

李镔,祝佳.欧盟天然气市场一体化分析[J].国际经贸探索,2011(1)：81－86.

李宏勋,吴复旦.我国进口天然气供应安全预警研究[J].中国石油大学学报(社会科学版),2018(4)：1－6.

李莉,郭焦锋,李维明.中国天然气价格市场化改革总体思路[J].中国发展观察,2015(2)：34－37.

李鹏,魏巍贤.生态文明建设视角下征收环境税对河北省的宏观经济影响[J].中国人口・资源与环境,2016(S2)：382－385.

李元龙,陆文聪.生产部门提高能源效率的宏观能耗回弹分析[J].中国人口・资源与环境,2011(11)：44－49.

李泽红,李静楠,杨洋,等.中俄天然气贸易安全格局与态势[J].资源科学,2018(11)：2143－2152.

李志学,吴硕锋,雷理钊.我国新能源产业价格补贴政策现状、问题与对策分析[J].价格月刊,2018(12)：3－9.

梁伟,朱孔来,姜巍.环境税的区域节能减排效果及经济影响分析[J].财经研究,2014(1)：40－49.

林伯强,何晓萍.中国油气资源耗减成本及政策选择的宏观经济影响[J].经济研究,2008(5)：94－104.

林伯强,刘畅.中国能源补贴改革与有效能源补贴[J].中国社会科学,2016(10)：52－71.

林伯强,牟敦国.能源价格对宏观经济的影响——基于可计算一般均衡(CGE)的分析[J].经济研究,2008(11)：88－101.

林伯强,王锋.能源价格上涨对中国一般价格水平的影响[J].经济研究,2009(12)：

66 - 79.

林伯强,刘希颖,邹楚沅,刘霞.资源税改革:以煤炭为例的资源经济学分析[J].中国社会科学,2012(2):58 - 78,206.

刘凤良,周业安.中级微观经济学[M].北京:中国人民大学出版社,2012.

刘贵贤,董秀成,孔朝阳,等.中国天然气进口风险量化研究——基于改进的投资组合理论[J].天然气工业,2016(6):110 - 117.

刘建徽,周志波,张明.资源税改革对资源配置效率的影响——基于 Malmquist 指数的实证分析[J].税务研究,2018(6):54 - 59.

刘力昌,李宏亮.国内天然气定价机制改革研究及建议[J].经济问题探索,2015(6):31 - 38.

刘满平.借鉴国际经验推进天然气价格改革[J].中国能源,2012(2):34 - 36.

刘满平.我国天然气基础设施短板待加强[J].中国石化,2018(6):40 - 43.

刘苏.我国天然气产业政府规制改革路径探讨[J].天然气技术与经济,2013(2):3 - 5.

刘伟,李虹.能源补贴与环境资源利用效率的相互关系——化石能源补贴改革理论研究的考察[J].经济学动态,2012(2):94 - 98.

刘伟,李虹.中国煤炭补贴改革与二氧化碳减排效应研究[J].经济研究,2014(8):146 - 157.

刘宇,胡晓虹.环境税的 SO_2 和 NO_x 行业排放分解效应研究[J].中国环境科学,2017(1):392 - 400.

刘宇,周梅芳.煤炭资源税改革对中国的经济影响——基于 CGE 模型的测算[J].宏观经济研究,2015(2):60 - 67.

娄峰.碳税征收对我国宏观经济及碳减排影响的模拟研究[J].数量经济技术经济研究,2014(10):84 - 96.

陆家亮,赵素平,孙玉平,等.中国天然气产量峰值研究及建议[J].天然气工业,2018(1):1 - 9.

陆家亮,赵素平.中国能源消费结构调整与天然气产业发展前景[J].天然气工业,2013(11):9 - 15.

罗伟中,涂惠丽,张智勇等.对中国天然气市场价格机制改革的若干建议[J].国际石油经济,2012(12):7 - 12.

马云泽.规制经济学[M].北京:经济管理出版社,2008.

毛家义.中国天然气价格形成机制的历史演变及价格变化综述[J].国际石油经济,2015(4):19 - 27.

彭文艳,张媛媛.日本天然气价格调整机制研究及其经验借鉴——以日本东京燃气公司为例[J].价格理论与实践,2011(10):43-44.

秦昌波,王金南,葛察忠,高树婷,刘倩倩.征收环境税对经济和污染排放的影响[J].中国人口·资源与环境,2015(1):17-23.

邱立新,徐海涛.能源、经济与环境协调发展的最优政策设计——基于CGE模型的实证研究[J].南京财经大学学报,2018(5):83-94.

邱中建,方辉.中国天然气大发展——中国石油工业的二次创业[J].天然气工业,2009(10):1-4.

瞿小松,邓翔,余子楠.全球碳排放交易及其效率——基于一个动态CGE模型的实证分析[J].财经科学,2017(4):105-113.

任泽平.能源价格波动对中国物价水平的潜在与实际影响[J].经济研究,2012(8):59-69.

邵珠琼,张中祥.资源税从价计征改革如何影响企业盈利能力——以原油和天然气为例[J].财贸经济,2018(5):5-20.

石敏俊,袁永娜,周晟吕等.碳减排政策:碳税、碳交易还是两者兼之?[J].管理科学学报,2013(9):9-19.

时佳瑞,蔡海琳,汤铃等.基于CGE模型的碳交易机制对我国经济环境影响研究[J].中国管理科学,2015(S1):801-806.

宋建新,崔连标.发达国家碳关税征收对我国的影响究竟如何——基于多区域CGE模型的定量评估[J].国际经贸探索,2015(6):72-86.

孙涵,聂飞飞,胡雪原.基于熵权TOPSIS法的中国区域能源安全评价及差异分析[J].资源科学,2018(3):477-485.

孙睿,况丹,常冬勤.碳交易的"能源-经济-环境"影响及碳价合理区间测算[J].中国人口·资源与环境,2014(7):82-90.

汤铃,张亮,余乐安.基于CGE模型的碳关税政策影响研究[J].中国石油大学学报(社会科学版),2018(6):20-26.

汤维祺,吴力波,钱浩祺.从"污染天堂"到绿色增长——区域间高耗能产业转移的调控机制研究[J].经济研究,2016(6):58-70.

唐运舒,焦建玲.油价冲击、货币政策调整与产出波动——基于中国的经验证据[J].经济理论与经济管理,2012(7):17-27.

檀学燕.我国天然气定价机制设计[J].中国软科学,2008(10):155-160.

汪锋,刘辛.中国天然气价格形成机制改革的经济分析——从"成本加成"定价法到"市场净回值"定价法[J].天然气工业,2014(9):135-142.

王德发.能源税征收的劳动替代效应实证研究——基于上海市2002年大气污染的CGE
　　模型的试算[J].财经研究,2006(2):98-105.

王锋,陈进国,刘娟等.碳税对江苏省宏观经济与碳减排的影响——基于CGE模型的模
　　拟分析[J].生态经济,2017(9):31-36.

王俊豪.政府管制经济学导论[M].北京:商务印书馆,2001.

王腊芳,肖皓,肖明智.基于动态CGE模型的能源价格传导效应分析[J].财经理论与实
　　践,2014(5):97-101.

王世进.国内外能源价格波动溢出效应研究[J].资源科学,2013(4):690-696.

王韬,叶文奇.电力和天然气补贴对经济及产业结构的影响——基于CGE建模的分析
　　[J].系统工程,2014(9):61-67.

王婷,孙传旺,李雪慧.中国天然气供给预测及价格改革[J].金融研究,2012(3):43-56.

王雅莉,毕乐强.公共规制经济学(第三版)[M].北京:清华大学出版社,2011.

王众,袁嘉琪,匡建超.基于系统动力学的四川天然气资源税改革效应研究[J].国土资源
　　科技管理,2014(6):72-79.

魏巍贤,赵玉荣.可再生能源电价补贴的大气环境效益分析[J].中国人口·资源与环境,
　　2017(10):211-218.

吴刚强.中国天然气价格改革进展[J].国际石油经济,2018(11):25-29.

吴海霞,葛岩,霍学喜,等.国际能源价格对我国玉米价格波动的影响研究[J].中国农业
　　大学学报,2016,21(6):164-172.

武盈盈,侯风云.天然气产业市场开放及约束条件——来自巴西的启示[J].天府新论,
　　2008(6):56-60.

武盈盈.国内外天然气价格水平比较分析[J].国际石油经济,2008(10):60-65.

武盈盈.中国自然垄断产业组织模式演进问题研究[M].北京:经济管理出版社,2014.

谢鹍,宋岭.资源税改革对矿产资源配置的效应分析——以新疆为例[J].新疆大学学报
　　(哲学人文社会科学汉文版),2011(1):25-29.

徐斌,李彦江,吴千羽.碳关税对中国高耗能商品及能源市场影响——基于可计算一般均
　　衡模型分析[J].产业经济研究,2015(2):23-32.

徐晓慧,王云霞.规制经济学[M].北京:知识产权出版社,2009.

徐晓亮,程倩,车莹,许学芬.资源政策调整对减排和环境福利影响——以煤炭资源税改
　　革为例[J].管理科学学报,2017(2):18-31.

徐晓亮.清洁能源补贴改革对产业发展和环境污染影响研究——基于动态CGE模型分

析[J].上海财经大学学报,2018(5):45-58,87.

许士春,张文文.不同返还情景下碳税对中国经济影响及减排效果——基于动态 CGE 的模拟分析[J].中国人口·资源与环境,2016(12):46-54.

许月潮.中国天然气产业政府规制改革研究[D].中国地质大学(北京),2006.

严云鸿,易波波.国际能源价格波动对中国经济的影响[J].社会科学家,2011(7):61-64.

杨建红.中国天然气市场可持续发展分析[J].天然气工业,2018(4):145-152.

杨岚,毛显强,刘琴,刘昭阳.基于 CGE 模型的能源税政策影响分析[J].中国人口·资源与环境,2009(2):24-29.

姚云飞,梁巧梅,魏一鸣.国际能源价格波动对中国边际减排成本的影响:基于 CEEPA 模型的分析[J].中国软科学,2012(2):156-165.

叶泽,吴永飞,张新华,等.需求响应下解决交叉补贴的阶梯电价方案研究——基于社会福利最大化视角[J].中国管理科学,2019(4):149-159.

殷建平,冀录娜.世界主要国家天然气价格差异性研究——基于美英德日四国天然气定价机制比较[J].价格理论与实践,2016(5):73-76.

尹靖华.国际能源对粮食价格传导的生产成本渠道研究[J].华南农业大学学报(社会科学版),2016(6):70-82.

于江波,王晓芳.能源安全与经济增长的双赢机制研究[J].北京理工大学学报(社会科学版),2013(5):29-35.

余晖.政府与企业:从宏观管理到微观管制[M].福州:福建人民出版社,1997.

袁宝龙.环境规制与制造业生态效率研究[M].西安:西安交通大学出版社,2018.

原鹏飞,吴吉林.能源价格上涨情景下能源消费与经济波动的综合特征[J].统计研究,2011(9):57-65.

岳小文,吴浩筠.俄罗斯国内天然气价格改革及其影响[J].国际石油经济,2009(12):47-49.

张爱国,郁珺,赵思功,等.中美天然气现行价格水平及走势比较分析[J].天然气技术与经济,2011(5):12-15.

张斌,徐建炜.石油价格冲击与中国的宏观经济:机制、影响与对策[J].管理世界,2010(11):18-27.

张兵兵,朱晶.国际能源价格如何拨动了国内农产品价格波动的弦?——基于 CF 滤波分析方法的经验分析[J].经济问题探索,2016(11):154-160.

张凤林,杨晓.转轨期中国空气污染的社会经济损失评估[J].河北经贸大学学报,2015

（4）：87 - 94.

张海莹.我国资源税改革的意义、问题与方向[J].当代经济管理,2013(4)：73 - 76.

张会疆,王宏康.新疆原油天然气资源税改革对地方财政经济的影响——以环塔里木盆地五地州原油天然气开发为例[J].新疆社科论坛,2012(6)：18 - 24.

张前荣.推进天然气定价机制改革的国际经验及政策建议[J].中国物价,2016(4)：27 - 30.

张涛,杨娇敏.我国区域天然气消费量的趋势预测[J].天然气工业,2016(9)：135 - 140.

张希栋,李玉婷,张鑫.中国天然气补贴改革的"能源-经济-环境"影响[J].经济问题,2016(10)：14 - 20.

张希栋,娄峰,张晓.中国天然气价格管制的碳排放及经济影响——基于非完全竞争CGE模型的模拟研究[J].中国人口·资源与环境,2016(7)：76 - 84.

张希栋,张晓.国际天然气市场一体化新进展及其对中国的启示[J].中国能源,2015 (2)：43 - 47.

张晓娣.差异化碳税的福利及就业影响分析——跨期CGE框架下的情景模拟[J].经济科学,2018(5)：70 - 82.

张晓光.一般均衡的理论与实用模型[M].北京：中国人民大学出版社,2009.

张炎涛,唐齐鸣.能源稀缺性与关键要素把握：缘于国际比较[J].改革,2011(10)：30 - 36.

张颢,朱晓海,付建文.关于天然气价格市场化改革问题的探讨[J].价格理论与实践,2018(3)：42 - 46.

赵军,潘月星.欧盟天然气行业市场化改革实践及对我国的启示[J].价格理论与实践,2016(12)：84 - 87.

赵映川.中国天然气产业规制改革研究[J].科技创业月刊,2012(4)：37 - 39.

赵玉,张玉.美国量化宽松政策冲击下国际能源价格波动与传导研究[J].资源科学,2014(8)：1590 - 1599.

郑坚铭.南海油气资源税费制度改革问题研究[J].海南大学学报（人文社会科学版）,2018(4)：1 - 6.

钟帅,沈镭,赵建安等.国际能源价格波动与中国碳税政策的协同模拟分析[J].资源科学,2017(12)：2310 - 2322.

周建双,王建良.国外天然气定价与监管模式比较[J].中国物价,2010(11)：60 - 63.

朱建芳,褚立新.天然气产业：自然垄断与有效监管[J].生产力研究,2005(5)：170 - 172.

朱明,谭芝灵.西方政府规制理论综述——兼谈金融危机下我国规制改革建议[J].华东经济管理,2010(10):134-137.

朱喜安,郝淑双.国际能源价格波动对中国 PPI 的结构性冲击[J].统计与信息论坛,2017(1):54-60.

朱永彬,王铮.碳关税对我国经济影响评价[J].中国软科学,2010(12):36-42.

朱渝.探索市场净回值法在我国天然气价格改革中的应用——基于对粤桂两省改革效果的评价[J].价格理论与实践,2013(6):47-48.

邹才能,赵群,陈建军,等.中国天然气发展态势及战略预判[J].天然气工业,2018(4):1-11.

邹莉娜,任庆忠.出口国偏好和进口多元化下的天然气进口国博弈[J].系统管理学报,2017,26(3):409-417.

中文译著:

[美] 伯吉斯.管制和反垄断经济学[M].冯金华译.上海:上海财经大学出版社,2003.

[美] 丹尼尔・F.史普博.管制与市场(中译本)[M].余晖等译.上海:上海三联书店,1999.

[美] 哈尔・范里安.微观经济学(高级教程)第三版[M].周洪,李勇等译.北京:经济科学出版社,2010.

[美] 曼昆.经济学原理:微观经济学分册(第5版)[M].梁小民,梁砾译.北京:中国人民大学出版社,2009.

[日] 植草益.微观规制经济学[M].朱绍文等译.北京:中国发展出版社,1992.

英文:

Abe M., Hayashiyama Y.. Evaluation of GHG discharge reduction policy by multi-regional CGE in Japan. International Journal of Computational Economics and Econometrics, 2013, 3(3-4): 103-123.

Abrell J.. Regulating CO_2 emissions of transportation in Europe: A CGE-analysis using market-based instruments[J]. Transportation Research, 2010, 15(4): 235-239.

Akerlof G. A.. The Market for "Lemons": Quality Uncertainty and the Market Mechanism[J]. Quarterly Journal of Economics, 1970, 84(3): 488-500.

Akkemik K. A., Oguz F.. Regulation, Efficiency and Equilibrium: A General Equilibrium Analysis of Liberalization in the Turkish Electricity Market[J]. Energy, 2011, 36(5): 3282-3292.

Allan G., Hanley N., Mcgregor P., et al.. The impact of increased efficiency in the industrial use of energy: A computable general equilibrium analysis for the United Kingdom[J]. Energy Economics, 2007, 29(4): 779 – 798.

Arano K., Velikova M.. Price Convergence in Natural Gas Markets: City-Gate and Residential Prices[J]. Energy Journal, 2009, 30(3): 129 – 154.

Arano K. G., Blair B. F.. An ex-post welfare of analysis of natural gas regulation in the industrial sector[J]. Energy Economics, 2008, 30(3): 789 – 806.

Arano K., Velikova M.. Estimating the long-run equilibrium relationship: The case of city-gate and residential natural gas prices[J]. Energy Economics, 2010, 32(4): 901 – 907.

Asche F., Osmundsen P., Tveteras R.. Market integration for natural gas in Europe[J]. International Journal of Global Energy Issues, 2001, 16(4): 300 – 312.

Asche F., Osmundsen P., Tveteras R.. European market integration for gas? Volume flexibility and political risk[J]. Energy Economics, 2002, 24(3): 249 – 265.

Aune F. R., Golombek R., Hallre H., et al.. Liberalizing Russian Gas Markets - An Economic Analysis[J]. Cesifo Working Paper, 2015.

Aydın L., Acar M.. Economic impact of oil price shocks on the Turkish economy in the coming decades: A dynamic CGE analysis[J]. Energy Policy, 2011, 39(3): 1722 – 1731.

Bacal P.. Problems and recommendations of reforming taxes for use of natural resources in the republic of Moldova[J]. Economica, 2016, 1(95): 68 – 79.

Bao Q., Tang L., Zhang Z. X., et al.. Impacts of border carbon adjustments on China's sectoral emission: simulations with a dynamic computable general equilibrium model [J]. China economic review, 2013, 24: 77 – 94.

Barb B.. Assessing consumer benefits in the Ontario residential retail natural gas market: Ontario residential retail natural gas market: Why marketer entry did not help? [J]. Energy Policy, 2017, 109(10): 555 – 564.

Becker G. S.. A Theory of Competition among Pressure Groups for Political Influence [J]. The Quarterly Journal of Economics, 1983, 98(3): 371 – 400.

Bender S., Kalt J. P., Lee H.. A framework for diagnosing the regional impacts of energy price policies: An application to natural gas deregulation[J]. Resources and Energy, 1986, 8(1): 1 – 20.

Bentley R. W.. Global oil & gas depletion: an overview[J]. Energy Policy, 2002, 30(3): 189 - 205.

Bergman L.. Energy Policy Modeling: A survey of general equilibrium approaches[J]. Journal of Policy Modeling, 1988, 10(3): 377 - 399.

Brown S. P. A., Yücel M. K.. Deliverability and regional pricing in U.S. natural gas market[J]. Energy Economics, 2008, 30(5): 2441 - 2453.

Bruvoll A., Larsen B. M.. Greenhouse gas emissions in Norway: do carbon taxes work? [J]. Energy Policy, 2004, 32(4): 493 - 505.

Burniaux J. M., Martin J. P., Nicoletti G., et al.. The Costs of Reducing CO_2 Emissions: A Comparison of Carbon Tax Curves with GREEN[R]. OECD Economics Department Working Papers, 1992.

Cabalu H., Manuhutu C.. Vulnerability of natural gas supply in the Asian gas market [J]. Economic Analysis & Policy, 2009, 39(2): 255 - 270.

Cabalu H.. Indicators of security of natural gas supply in Asia[J]. Energy Policy, 2010, 38(1): 218 - 225.

Cetin T., Oguz F.. The reform in the Turkish natural gas market: a critical evaluation [J]. Energy Policy, 2007, 35(7): 3856 - 3867.

Chen J.. Study on the carbon emission reduction performance of resource tax reform: Based on the perspective of substitution of factors of production[J]. Open journal of business & management, 2017, 5(1): 182 - 193.

Ciaschini M., Pretaroli R., Severini F., et al.. Regional double dividend from environmental tax reform: An application for the Italian economy[J]. Research in Economics, 2012, 66(3): 273 - 283.

Coase R. H.. The Problem of Social Cost[J]. The Journal of Law & Economics, 2013, 56(4): 837 - 877.

Cuddington J. T., Wang Z.. Assessing the degree of spot market integration for US natural gas: evidence from daily price data[J]. Journal of Regulatory Economics, 2006, 29(2): 195 - 210.

Dahl C., Ko J.. The effect of deregulation on US fossil fuel substitution in the generation of electricity[J]. Energy Policy, 1998, 26(13): 981 - 988.

Davis S. J., Haltiwanger J.. Sectoral Job Creation and Destruction Responses to Oil Price Changes[J]. Journal of Monetary Economics, 2001, 48(3): 465 - 512.

Vany D. A., David W. W.. Pipeline access and market integration in the natural gas industry: Evidence from cointegration tests[J]. Energy Journal, 1993, 14(4): 1 – 19.

Despotakis K. A., Fisher A. C.. Energy in a regional economy: A computable general equilibrium model for california [J]. Journal of Environmental Economics & Management, 1988, 15(3): 313 – 330.

Dissou Y., Sun Q.. GHG Mitigation Policies and Employment: A CGE Analysis with Wage Rigidity and Application to Canada[J]. Canadian Public Policy, 2013, 39(2S): 53 – 66.

Doumax V., Philip J. M., Sarasa C.. Biofuels, tax policies and oil prices in France: Insights from a dynamic CGE model[J]. Energy Policy, 2014, 66(66): 603 – 614.

Dube I.. Impact of Energy Subsidies on Energy Consumption and Supply in Zimbabwe. Do the Urban Poor Really Benefit? [J]. Energy Policy, 2003, 32(15): 1635 – 1645.

Eisenack K., Stecker R.. A Framework for analyzing climate change adaptations as actions[J]. Mitigation and Adaptation Strategies for Global Change, 2012, 17(3): 243 – 260.

Elias R. S., Yuan M., Wahab M. I. M., Patel N.. Quantifying saving and carbon emissions reduction by upgrading residential furnaces in Canada[J]. Journal of Cleaner Production, 2019, 211: 1453 – 1462.

Farmer R. D., Tseng P.. Higher old gas prices and the staged deregulation of the US gas industry[J]. Energy Policy, 1989, 17(6): 567 – 576.

Foley P. T., Clark J. P.. The effects of state taxation on united states copper supply[J]. Land economics, 1982, 58(2): 153 – 180.

Forouzanfar M., Doustmohammadi A., Menhaj M. B., et al.. Modeling and estimation of the natural gas consumption for residential and commercial sectors in Iran[J]. Applied Energy, 2010, 87(1): 268 – 274.

Garbaccio R. F., Ho M. S., Jorgenson D. W.. Controlling Carbon Emission in China[J]. Environment & Development Economics, 1999, 4(4): 493 – 518.

Golley J., Xin M.. Income inequality and carbon dioxide emissions: The case of Chinese urban households[J]. Energy Economics, 2012, 34(6): 1864 – 1872.

Gorak T. C., Ray D. J.. Efficiency and equity in the transition to a new natural gas market[J]. Land Economics, 1995, 71(3): 368 – 385.

Grepperud S., Rasmussen I.. A general equilibrium assessment of rebound effects[J].
    Energy Economics, 2004, 26(2): 261 - 282.

Grigoryev Y.. Today or not today: deregulating the Russian gas sector[J]. Energy
    Policy, 2007, 35(5): 3036 - 3045.

Gros D.. Global Welfare Implications of Carbon Border Taxes. CESifo Working Papers,
    2009, 29(9): 1 - 27. http://www.cesifo-group.de.

Hamilton J. D.. Oil and the Macroeconomy since World War II[J]. Journal of Political
    Economy, 1983, 91(2): 228 - 248.

Hanley N., Mcgregor P. G., Swales J. K., et al.. Do increases in energy efficiency
    improve environmental quality and sustainability? [J]. Ecological Economics, 2009,
    68(3): 692 - 709.

Hardin G.. The tragedy of the commons. The population problem has no technical
    solution; it requires a fundamental extension in morality.[J]. Science, 1968, 162
    (3859): 1243 - 1248.

Hawdon D., Stevens N.. Regulatory reform of the UK gas market: the case of the
    storage auction[J]. Fiscal Studies, 2001, 22(2): 217 - 232.

Henry M. S.. The potential impact of natural gas deregulation on manufacturers: A note
    on a case study for South Carolina[J]. Energy, 1984, 9(1): 91 - 95.

Hoefnagels R., Banse M., Dornburg V., et al.. Macro-economic impact of large-scale
    deployment of biomass resources for energy and materials on a national level—A
    combined approach for the Netherlands[J]. Energy Policy, 2013, 59(8): 727 - 744.

Hoffmann A. N.. Imperfect Competition in Computable General Equilibrium Models — a
    Primer[J]. Economic Modelling, 2002, 20(1): 119 - 139.

Hong L., Liang D., Di W.. Economic and environmental gains of China's fossil energy
    subsidies reform: A rebound effect case study with EIMO model[J]. Energy Policy,
    2013, 54: 335 - 342.

Hooker M. A.. Are Oil Shocks Inflationary?: Asymmetric and Nonlinear Specifications
    versus Changes in Regime[J]. Journal of Money Credit & Banking, 2002, 34(2):
    22.

Hotelling H.. The economics of exhaustible resources[J]. Journal of political economy,
    1931, 39(2): 137 - 175.

Hubbert M. K.. Nuclear Energy and the Fossil Fuels [C]. Drilling and Production

Practice，1956.

Hung N. M.，Quyen N. V.. Specific or ad valorem tax for an exhaustible resource? [J]. Economics letters，2009,102(2)：132 - 134.

Hutchinson E.，Kennedy P. W.，Martinez C.. Subsidies for the production of cleaner energy：When do they cause emissions to rise? [J]. The BE Journal of Economic Analysis & Policy，2010, 10(1)：1 - 9.

Kahn A. E.. The Economics of Regulation：Principles and Institutions[M]. New York：Wiley，1970.

Kani A. H.，Abbasspour M.，Abedi Z.. Estimation of demand function for natural gas in Iran：Evidences based on smooth transition regression models [J]. Economic Modelling，2014, 36(1)：341 - 347.

Kebede B.. Energy Subsidies and Costs in Urban Ethiopia：The Cases of Kerosene and Electricity[J]. Renewable Energy，2006, 31(13)：2140 - 2151.

Khan M. A.. Modelling and forecasting the demand for natural gas in Pakistan[J]. Renewable and Sustainable Energy Reviews，2015, 49：1145 - 1159.

King M.，Cuc M.. Price convergence in North American natural gas spot markets[J]. The Energy Journal，1996, 17(2)：17 - 42.

Konan D. E.，Assche A. V.. Regulation, market structure and service trade liberalization [J]. Economic Modelling，2007, 24(6)：895 - 923.

Kuik O.，Hofkes M.. Border adjustment for European emissions trading：Competitiveness and carbon leakage[J]. Energy Policy，2010, 38(4)：1741 - 1748.

Kumbaroğlu G. S.. Environmental taxation and economic effects：a computable general equilibrium analysis for Turkey[J]. Journal of Policy Modeling，2003, 25(8)：795 - 810.

Lanzi E.，Wing I. S.. Capital Malleability, Emission Leakage and the Cost of Partial Climate Policies：General Equilibrium Analysis of the European Union Emission Trading System[J]. Environmental & Resource Economics，2013, 55(55)：257 - 289.

Leblanc M.，Lutton T.，Prato A.. Natural gas deregulation in the United States：How will it affect agriculture? [J]. Energy in Agriculture，1984, 3：233 - 243.

Lee K.，Ni S.. On the dynamic effects of oil price shocks：a study using industry level data[J]. Journal of Monetary Economics，2002, 49(4)：823 - 852.

Leibenstein, H.. Allocative Efficiency vs. X-Efficiency[J]. American Economic Review, 1966, 56(3): 392 - 415.

Li K., Lin B.. How does administrative pricing affect energy consumption and CO_2 emissions in China? [J]. Renewable and Sustainable Energy Reviews, 2015, 42: 952 - 962.

Li S. Q., Zhang B. S., Tang X.. Forecasting of China's natural gas production and its policy implications[J]. Petroleum Science, 2016, 13(3): 592 - 603.

Liang Q. M., Fan Y., Wei Y. M.. Carbon taxation policy in China: How to protect energy- and trade-intensive sectors? [J]. Journal of Policy Modeling, 2007, 29(2): 311 - 333.

Lin B. Q., Liu J. H.. Estimating coal production peak and trends of coal imports in China [J]. Energy Policy, 2010, 38(1): 512 - 519.

Liu H., Chen Z., Wang J., et al.. The impact of resource tax reform on China's coal industry[J]. Energy economics, 2017, 61(2): 52 - 61.

Locatelli C.. The viability of deregulation in the Russian gas industry[J]. Journal of Energy and Development, 2003, 28(2): 221 - 238.

Loisel R.. Environmental climate instruments in Romania: A comparative approach using dynamic CGE modelling[J]. Post-Print, 2009, 37(6): 2190 - 2204.

Lokhov R., Welsch H.. Emission Trading Between Russia and the European Union: A CGE Analysis of Potentials and Impacts. Environmental Economics and Policy Studies, 2008, 19(9): 1 - 23.

Lutton T. J., Andrilenas P.. Natural gas deregulation and U.S. ammonia production[J]. Energy in Agriculture, 1984, 3(none): 167 - 182.

Manzoor D., Shahmoradi A., Haqiqi I.. An Analysis of Energy Price Reform: A Cge Approach[J]. Opec Energy Review, 2012, 36(1): 35 - 54.

Mathias M. C., Szklo A.. Lessons learned from brazilian natural gas industry reform[J]. Energy Policy, 2007, 35(12): 6478 - 6490.

Meier K. J.. Regulation: Politics, Bureaucracy and Economics[M]. New York: St. Martin's Press, 1985.

Mitnick B. M.. The Political Economy of Regulation[M]. New York: Columbia University Press, 1980.

Miyata Y., Wahyuni A., Shibusawa H.. Economic Analysis of the Impact of Carbon Tax on the Economy of Makassar City, Indonesia. Regional Science Inquiry, 2013, V(2): 15 – 31.

Mohammadi H.. Market integration and price transmission in the U. S. natural gas market: From the wellhead to end use markets[J]. Energy Economics, 2011, 33(2): 227 – 235.

Mohr S. H., Evans G. M.. Forecasting coal production until 2100[J]. Fuel, 2009, 88(11): 2059 – 2067.

Morbee J.. Russian Gas Imports in Europe: How Does Gazprom Reliability Change the Game? [J]. Energy Journal, 2010, 31(4): 79 – 110.

Motlagh S. P., Farsiabi M. M.. An Environmental & Economic Analysis for Reducing Energy Subsidies[J]. International Journal of Environmental Research, 2007, 1(2): 150 – 162.

Nashawi I. S., Malallah A., Albisharah M.. Forecasting World Crude Oil Production Using Multicyclic Hubbert Model[J]. Energy and Fuels, 2010, 24(3): 1788 – 1800.

National Research Council of the National Academies. Hidden Costs of Energy: Unpriced Consequences of Energy Production and Use[M]. Washington, D. C.: The National Academies Press, 2009.

Neumann A., Cullmann A.. What's the story with natural gas markets in Europe? Empirical evidence from spot trade data[C] // European Energy Market, 2012.

Neumann A., Siliverstovs B., Hirschhausen C. V.. Convergence of European spot market prices for natural gas? A real-time analysis of market integration using the Kalman Filter[J]. Applied Economics Letters, 2006, 13(11): 727 – 732.

Apergisa N., Bowdenb N., Payne J. E.. Downstream integration of natural gas prices across U.S. states: Evidence from deregulation regime shifts[J]. Energy Economics, 2015, 49: 82 – 92.

Olsen K., Mjelde J., Bessler D.. Price formulation and the law of one price in internationally linked markets: an examination of the natural gas markets in the USA and Canada[J]. The Annals of Regional Science, 2015, 54(1): 117 – 142.

Orlov A., Grethe H.. Carbon taxation and market structure: A CGE analysis for Russia [J]. Energy Policy, 2012, 51(6): 696 – 707.

Owen N. A., Inderwildi O. R., King D. A.. The status of conventional world oil reserves—Hype or cause for concern? [J]. Energy Policy, 2010, 38(8): 4743 – 4749.

Ozdemir G., Aydemir E., Olgun M. O., et al. Forecasting of Turkey natural gas demand using a hybrid algorithm [J]. Energy Sources, Part B: Economics, Planning, and Policy, 2016, 11(4): 295 - 302.

Parry I. W. H., Small K. A.. Does Britain or the United States Have the Right Gasoline Tax? [J]. American Economic Review, 2002, 95(4): 1276 - 1289.

Pavlović D, Banovac E, Vištica N. Defining a composite index for measuring natural gas supply security-the Croatian gas market case[J]. Energy Policy, 2018, 114: 30 - 38.

Peltzman S.. Toward a general theory of regulation[J]. Journal of Law and Economics, 1976, 19(2): 211 - 248.

Percebois J.. Gas Deregulation Process in Europe: economic and political approach[J]. Energy Policy, 1999, 27(1): 9 - 15.

Posner R. A.. Theories of Economic Regulation[J]. The Bell Journal of Economics and Management Science, 1974, 5(2): 335 - 358.

Radetzki M.. European natural gas: market forces will bring about competition in any case[J]. Energy Policy, 1999, 27(1): 17 - 24.

Rehman S. A. U., Cai Y. P., Fazal R., et al.. An integrated modeling approach for forecasting long-term energy demand in Pakistan[J]. Energies, 2017, 10(11): 1 - 23.

Renou-Maissant P.. Toward the integration of European natural gas markets: A time-varying approach[J]. Energy Policy, 2012, 51(6): 779 - 790.

Reynolds D. B., Kolodziej M.. North American Natural Gas Supply Forecast: The Hubbert Method Including the Effects of Institutions[J]. Energies, 2009, 2(2): 269 - 306.

Robinson T.. Have European gas prices converged? [J]. Energy Policy, 2007, 35(4): 2347 - 2351.

Rosput P. G.. The limits to deregulation of entry and expansion of the US gas pipeline industry[J]. Utilities Policy, 1993, 3(4): 287 - 294.

Scarcioffolo A. R., Etienne X. L.. How connected are the U. S. regional natural gas markets in the post-deregulation era? Evidence from time-varying connectedness analysis[J]. Journal of Commodity Markets, 2018, https: //doi. org/10. 1016/j. jcomm.2018.09.004.

Serletis A.. Is there an East-West split in North-American natural gas markets? [J].

Energy Journal, 1997, 18(18): 47 - 62.

Shaffer B.. Natural gas supply stability and foreign policy[J]. Energy Policy, 2013, 56(2): 114 - 125.

Sickles R. C., Streitwieser M. L.. Technical inefficiency and productive decline in the US interstate natural gas pipeline industry under the Natural Gas Policy Act[J]. Journal of Productivity Analysis, 1992, 3(1 - 2): 119 - 133.

Siriwardana M., Meng S., Mcneill J.. A CGE assessment of the Australian carbon tax policy[J]. International Journal of Global Energy Issues, 2013, 36(2/3/4): 242 - 261.

Song D.. A novel self-adapting intelligent grey model for forecasting China's natural gas demand[J]. Energy, 2018, 162: 393 - 407.

Stigler G. J., Friedland C.. Profits of Defense Contractors[J]. American Economic Review, 1971, 61(4): 692 - 694.

Suttles S. A., Tyner W. E., Shively G., et al.. Economic effects of bioenergy policy in the United States and Europe: A general equilibrium approach focusing on forest biomass[J]. Renewable Energy, 2014, 69(3): 428 - 436.

Sun J., Sun X.. China's natural gas reform: why and how[J]. Energy Policy, 2018, 13(3): 176 - 182.

Tang L., Shi J. R., Yu L., et al.. Economic and environmental influences of coal resource tax in China: A dynamic computable general equilibrium approach[J]. Resources conservation & recycling, 2017, 117(A): 34 - 44.

Tarr D. G., Thomson P. D.. The merits of dual pricing of Russian natural gas[J]. The World Economy, 2004, 27(8): 1173 - 1194.

Thepkhun P., Limmeechokchai B., Fujimori S., et al.. Thailand's Low-Carbon Scenario 2050: The AIM/CGE analyses of CO_2 mitigation measures[J]. Energy Policy, 2013, 62(C): 561 - 572.

Timilsina G. R., Mevel S.. Biofuels and Climate Change Mitigation: A CGE Analysis Incorporating Land-Use Change. Environmental and Resource Economics, 2013, 55(1): 1 - 19.

Tsygankova M.. When is a break-up of Gazprom good for Russia? [J]. Energy Economics, 2010, 32(4): 908 - 917.

Uchelen W. J. V., Roggenkamp M. M.. Regulatory Reforms in the Norwegian gas industry[J]. Journal of Energy and Natural Resources Law, 2004, 22(4): 450 – 464.

United Nations. UN Comtrade Database[EB/OL]. (2018 – 12 – 20)[2018 – 12 – 21]. http: //comtrade.un.org/data/.

Utton M. A.. The Economics of Regulation Industry[M]. Basil Blackwell, 1986.

Vany A. D., Walls W. D.. Natural gas industry transformation, competitive institutions and the role of regulation: Lessons from open access in US natural gas markets[J]. Energy Policy, 1994, 22(9): 755 – 763.

Viscusi W. K., John M. V., Joseph E. H. J.. Economics of Regulation and antitrust[M]. The MIT Press, 1995.

Vöhringer F.. Linking the Swiss Emissions Trading System with the EU ETS: Economic Effects of Regulatory Design Alternatives[J]. Swiss Journal of Economics & Statistics, 2012, 148(II): 167 – 196.

Vöhringer F., Grether J. M., Mathys N. A.. Trade and Climate Policies: Do Emissions from International Transport Matter? [J]. World Economy, 2013, 36(3): 280 – 302.

Walls W. D.. Price convergence across natural gas fields and city markets[J]. The Energy Journal, 1994, 15(4): 37 – 48.

Wissema W., Dellink R.. A CGE analysis of the impact of a carbon energy tax on the Irish economy[J]. Ecological Economics, 2007, 61(4): 671 – 683.

Xie N. M., Yuan C. Q., Yang Y. J.. Forecasting China's energy demand and self-sufficiency rate by grey forecasting model and Markov model[J]. International Journal of Electrical Power and Energy Systems, 2015, 66: 1 – 8.

Dong Y. L., Ishikawa M., Hagiwara T.. Economic and environmental impact analysis of carbon tariffs on Chinese exports[J]. Energy Economics, 2015, 50: 80 – 95.

Zuberi M. J. S., Murat F.. Application of Hubbert Peak Theory to Stimulate Biogas Production[J]. International Journal of Renewable Energy Research, 2015, 5(1): 61 – 69.

图书在版编目(CIP)数据

中国天然气价格规制改革与政策模拟 / 张希栋著
.— 上海 ：上海社会科学院出版社，2020
ISBN 978 - 7 - 5520 - 3151 - 5

Ⅰ. ①中… Ⅱ. ①张… Ⅲ. ①天然气—物价改革—研
究—中国 Ⅳ. ①F724.741

中国版本图书馆 CIP 数据核字(2020)第 065432 号

中国天然气价格规制改革与政策模拟

著　　者：张希栋
责任编辑：熊　艳
封面设计：周清华
出版发行：上海社会科学院出版社
　　　　　上海顺昌路 622 号　邮编 200025
　　　　　电话总机 021 - 63315947　销售热线 021 - 53063735
　　　　　http://www.sassp.cn　E-mail：sassp@sassp.cn
排　　版：南京展望文化发展有限公司
印　　刷：江苏凤凰数码印务有限公司
开　　本：710 毫米×1010 毫米　1/16
印　　张：14.5
字　　数：192 千字
版　　次：2020 年 7 月第 1 版　　2020 年 7 月第 1 次印刷

ISBN 978 - 7 - 5520 - 3151 - 5/F・611　　　　定价：78.00 元